De quoi la Science ne parle pas

Larisa Seklitova
Ludmila Strelnikova

De quoi la Science ne parle pas

Edition : BoD - Books on Demand
12/14 rond-point des Champs Elysées
75008 Paris
Imprimé par BoD – Books on Demand, Norderstedt
ISBN : 978-2-**3223-9550-7**
Dépôt légal : **Octobre 2021**

Larisa Seklitova
Ludmila Strelnikova
De quoi la science ne parle pas
Série "Au-delà de l'inconnu"

Ce livre commence les Nouvelles Connaissances et utilise le dialogue entre lecteurs et auteurs, par conséquent, toutes ces informations sont présentées sous forme de questions des lecteurs qui s'intéressent à quelque chose de nouveau ou demandent des précisions, et de réponses des auteurs qui sont en contact avec l'Esprit Supérieur. Cette forme de communication permet aux lecteurs d'approfondir leur compréhension de certains des sujets évoqués dans nos livres précédents. Chaque précision permet d'approfondir et d'élargir les sujets intéressant les lecteurs. De plus, les questions rendent les sujets eux-mêmes plus riches et plus détaillés. Nous espérons que chaque lecteur trouvera beaucoup de choses nouvelles et intéressantes dans ces livres.

Les informations sont obtenues par des contacts avec l'Esprit Supérieur et contiennent des matériaux exclusifs.

INTRODUCTION

Ce livre est la suite de la série des livres-dialogues, quand l'un demande et l'autre répond. Une telle forme de la présentation des informations permet à l'élève de clarifier ce qui lui est resté incompréhensible. Une question spécifique et une réponse spécifique aident à éliminer toutes les lacunes dans l'assimilation des sujets précédents étudiés par les lecteurs, et à créer un fondement solide pour une nouvelle base de connaissances d'un Niveau supérieur du développement humain. Les mêmes connaissances aideront les représentants de la nouvelle race d'Or de l'humanité de savoir se développer des capacités paranormales, afin de se transformer ensuite en dignes Maîtres Supérieurs pour conduire vers les Mondes Supérieurs d'autres élèves aspirant à gravir constamment l'escalier de la perfection, tout en se transformant en Grands Créateurs sur les Nouveaux Niveaux plus élevés de leur développement et en transformant leur vie et la vie de ceux qui s'élèvent avec Eux, assoiffés des connaissances des disciples, en une existence heureuse et harmonieuse, digne du Grand Univers et des titres Célestes.

Seule la Connaissance et sa digne application peut faire de la vie de chacun de nous une impulsion inspirante, un merveilleux vol vers le fabuleux Futur des Dieux et des Grands Créateurs. Nous souhaitons que nos lecteurs soient dignes de ce merveilleux avenir et à la fois de leurs Grandes Créations.

Et maintenant - **Soyons dignes de la Grande Connaissance que Dieu et les Maîtres Supérieurs nous ont donnée!!!**

* — voir le Vocabulaire;)* — rectification des auteurs.

Chapitre 1
ERRANCE DANS LES SITUATIONS
DE VIE

Compétition des égrégores pour les âmes

Récemment, on trouve de plus en plus souvent le fait que des gens qui restaient tranquilles il y a dix ans, sûrs d'avoir connu la vie, ont maintenant commencé à se perdre dans leurs projets et leur vision de la vie. Ils ne s'orientent plus dans l'élémentaire, notamment dans ce qui est bien et ce qui est mal, ce qui conduit vers Dieu, et ce qui éloigne de Lui. Ils commencent à s'affoler, à en chercher un nouveau, mais l'ancien, comme un ancrage lourd, ne leur permet pas de progresser.

Cela les amène vers une confusion encore plus grande, et ils essaient en hésitant de trouver le chemin qui les mènera définitivement vers Dieu le Créateur et, bien sûr, vers une vie heureuse et tranquille. Depuis le début de la perestroïka dans notre pays et après avoir reçu la liberté, les gens n'ont pas réussi à croire complètement qu'elle leur donnera ce dont ils ont toujours rêvé, au nom de quoi ils ont fait des révolutions, des rebelles, ont construit et reconstruit leur réalité ambiante. Non, on n'a pas trouvé le bonheur, il restait toujours une vision fugace et, comme auparavant, après avoir apparu pour un instant, se glissait immédiatement dans un avenir si lointain qu'on comprenait bien qu'il n'y avait aucun moyen d'y parvenir dans cette vie.

Auparavant, c'était le Parti communiste qui nous conduisait tous vers un avenir heureux, nous y croyions et nous allions fermement dans la direction indiquée, vers un avenir meilleur. Pourtant, récemment, beaucoup de partis ont apparu, tout le monde promettait quelque chose, mais il n'y avait pas beaucoup de ce qui avait été fait. Et le bonheur ressemblait toujours à une sorte de brume, que l'homme ordinaire ne pouvait pas atteindre à cause du manque d'énergie. Plus le dernier accélérait sa course, plus il s'éloignait rapidement de lui d'une manière mystérieuse. Comment ne pas se soucier de l'avenir et, surtout, de celui des enfants. Des pensées douteuses ont même commencé à apparaître:

« Ce mystérieux « bonheur » existe-t-il? Peut-être ce n'est qu'une illusion du rêve très ancien de l'humanité, il n'existait jamais et donc ne peut pas être attendu dans un proche avenir? »

Par conséquent, les gens ordinaires continuent de se perdre dans les chemins qui y mènent et cherchent quelqu'un qui les mènera vers Dieu au moins, pas même vers le bonheur.

À cet égard, nous avons décidé de commencer ce livre par une telle lettre dans laquelle les gens ont perdu leurs repères et se sentaient donc extrêmement timides, perdus dans cette vie. Ce sont deux femmes qui nous écrivent, évidemment, une mère et une fille, elles ont perdu du terrain sous leurs pieds et se sont effarées dans la routine de la vie. Alors, elles ont décidé de nous demander conseil.

Passons à leur lettre ingénue.

«... Nous, Maria (67 ans) et Katya (33 ans), nous sommes toujours intéressés à la littérature ésotérique, étant constamment en recherche spirituelle. Pendant plusieurs années, nous étions dans le « Mouvement » d'une autre personne qui s'appelait un contacté. Pourtant, on n'a jamais reçu de réponses à de nombreuses questions.

C'est alors que nous nous sommes tournés vers vos livres, qui ont commencé à nous aider à trouver des réponses à ce que nous ne comprenions pas. Cela nous a conduit au fait que notre désir de comprendre la vraie connaissance a commencé à grandir (conformément à la liste de Vos livres que Vous avez indiquée, que Vous avez attribuée à votre Nouvelle Pensée). Plus nous lisions, plus nous y trouvions de choses intéressantes et utiles pour nous-mêmes. Mais, curieusement, en même temps, nous avons senti que notre condition physique s'était détériorée et que des doutes apparaissaient à l'intérieur.

D'ailleurs, on a tout à coup commencé à sentir que nos âmes voulaient se protéger avec Vos nouvelles prières des fardeaux de la vie. Dans le même temps, l'anxiété interne croissante et la faiblesse physique ont commencé à faire peur (le sommeil et l'appétit de Maria se sont aggravés). On avait l'impression que quelqu'un d'invisible a commencé à nous intimider exprès, ne voulant pas que nous communiquions avec vous et que nous étudions les Nouvelles informations, bien qu'elles soient très intéressantes pour nous. On le sent clairement aussi bien. Par conséquent, nous ne comprenons pas ce qui se passe. Que faire? Qui nous empêche de communiquer avec Vous? Mais nous Vous remercions sincèrement pour tous Vos nombreux efforts et nous vous demandons d'expliquer la situation et de donner des conseils.

Veuillez recevoir notre sincère gratitude et respect.

Maria et Ekaterina».

Réponse. Comme vous êtes depuis longtemps familières avec les connaissances ésotériques, alors vous devriez être familières avec un concept d'«égrégore». Chaque groupe de personnes rassemblées sur la Terre selon leurs intérêts est uni sur le plan subtil d'en Haut par un seul égrégore, c'est-à-dire par une structure qui recueille de ce groupe les énergies d'une certaine qualité. L'énergie est ensuite transférée aux Supérieurs pour leur travail. Cette construction fonctionne automatiquement, c'est-à-dire elle maintient indépendamment le contact avec chaque membre du groupe et reçoit périodiquement de l'énergie de lui.

Jusqu'à ce que l'égrégore soit rempli, les gens continuent à y être associés par certaines responsabilités, dépendances et mécanismes. Évidemment, votre égrégore est lié à vous par des mécanismes d'intimidation parmi d'autres, qui se manifestent par la détérioration de votre santé et de votre attitude mentale à notre égard. L'égrégore demande que vous lui donniez des types d'énergie plus spécifiques. Ce sont ses fonctions purement automatiques.

Ce contacté, autour duquel un certain groupe de personnes aux mêmes idées s'est réuni, considère cet égrégore comme le sien, et lui (ce contacté), aussi bien que son maître, ne veut pas vous laisser partir maintenant, tout en utilisant votre énergie pour ses fins. Il (égrégore)* lui donne de la force.

Lorsque cette structure a un certain nombre de ses fonctions protectrices, comme celle qui vous empêche de vous en séparer tranquillement et de vous engager à un autre groupe, cela suggère qu'à ce moment-là, de différents égrégores se sont «lancés dans la lutte» pour les âmes qui les nourrissent. Ils peuvent rester connectés avec vous jusqu'à ce qu'il (égrégore)* soit complètement rempli des énergies dont il a besoin.

Afin de se libérer de la dépendance de cet égrégore et d'arrêter les sensations désagréables, il faut couper les canaux subtils qui vous relient à cet égrégore. Comme notre Pensée a d'autres énergies, par conséquent, vous avez perturbé l'échange d'énergie de haute qualité avec l'ancien égrégore, et par conséquent votre état général s'est aggravé. Il vous demande son propre type d'énergie. Pourtant, il est difficile de rompre le lien avec l'égrégore. Cela peut être fait par un contacté, mais il est clair que ce dernier ne veut pas vous perdre. Par conséquent, il ne reste plus qu'à endurer les conséquences indésirables de l'impact de cette construction sur vous. Bien sûr, vous pouvez essayer de parler calmement avec votre contacté afin qu'il vous laisse partir. Cependant, même s'il ne le veut pas, il ne faut pas avoir peur des sentiments.

Au fil du temps, les liens se rompront indépendamment. Lorsque vous accumulez plus de nos énergies, le lien énergétique avec son égrégore se rompra automatiquement et votre santé se normalisera. Et comme nos énergies sont très puissantes, vous n'aurez pas à attendre longtemps pour une telle libération. Dès que vous accumulez une certaine quantité de nouvelles énergies de l'étude des Nouvelles informations, il y aura une rupture des liens anciens et une connexion à notre égrégore. Que faire, maintenant à la fin de la cinquième race, il y a une compétition constante entre les égrégores. Il faut se rappeler de cela. Après la rupture des liens précédents, au cours d'un certain temps, votre santé sera rétablie, car nos informations ont également des propriétés réparatrices.

Bien sûr, il existe toujours une option que vous retourniez à votre ancien égrégore. Mais c'est déjà à votre choix. Chacun est libre de choisir ce qu'il pense sera le meilleur pour son avenir.

Avez-vous oublié de moi ?

Lecteur. Aujourd'hui, au temps des époques changeantes, les gens ressentent les influences les plus différentes sur eux-mêmes: certains ressentent quelque chose de nouveau; les uns commencent à voir quelque chose, les autres ressentent le lien avec leur Déterminant; moi, je ne ressens rien, je ne perçois rien. Pour moi, c'est à en pleurer. Les Supérieurs, pourraient-ils oublier de moi? Cela arrive-t-il?

Réponse. Les Supérieurs n'oublient aucun de leurs administrés. Tout simplement, la découverte des capacités paranormales et de l'hypersensibilité chez une personne dépend, tout d'abord, de cette personne, de son Niveau du développement, des accumulations qualitatives précédentes dans son âme et de la puissance de leur potentiel. Probablement, il est trop tôt pour vous de ressentir et voir quelque chose, vous devez accumuler des énergies plus spécifiques.

(C'est rarement que les Supérieurs donnent à une personne une certaine capacité d'avance pour accomplir une certaine mission: guérison, enseignement, prédiction ou perception de quelque chose dans le monde subtil, etc.)

Vous avez encore besoin de travailler sur vous-même, d'augmenter votre énergie, et cela vous donnera l'opportunité de ressentir par la suite l'influence des énergies subtiles sur vous-même. Plus l'énergopotentiel* de l'âme devient puissant, plus une personne acquiert de capacités. l'énergopotentiel augmente à son tour grâce à la lecture réfléchie de nos livres et de nos prières. Ne vous dépêchez pas, tout arrivera à son temps.

Séparation des âmes

Lecteur. Pourquoi y a-t-il tant de sectes différentes aujourd'hui? Pourquoi Dieu ne les interdit-il pas?

Réponse. Il faut se rappeler que notre cinquième race est maintenant au stade de l'accomplissement de son développement, ce qui signifie qu'il y a une séparation des âmes en celles positives et négatives. Cela est requis par les branches évolutionnaires de notre Univers.

La Terre doit donner des âmes à la fois pour Dieu et pour le Diable, c'est pourquoi toutes les structures d'âmes et les processus du développement dans ce monde sont orientés à la séparation de l'humanité en branches oppositionnelles.

Dieu ne veut forcer personne à faire un choix officiel de celui à qui les âmes veulent servir davantage. Un tel choix est fait par les âmes des gens à travers leurs nombreuses actions, désirs, sentiments, qui aident à remplir leurs matrices de certaines énergies qualitatives au cours de nombreuses réincarnations. C'est une méthode juste qui détermine dans quel système, celui de Dieu ou du Diable, l'âme devrait continuer.

L'évaluation des qualités de l'âme n'est pas faite pendant la dernière vie, mais pendant de nombreuses incarnations passées. Ainsi, grâce à son humanité, Dieu donne à chaque âme la liberté de choix de ses actions, ses pensées, ses désirs au cours de dizaines de réincarnations. Toute âme dans chacune de ses vies a le droit d'accumuler les énergies qui correspondent le plus à son style de perfection et d'existence.

Au résultat de cette liberté de choix, certaines personnes arrivent à leur dernier mille enrichies de qualités positives; en même temps, beaucoup d'autres vont volontiers vers l'Hiérarque négatif, séduits dans de différentes incarnations par Ses tentations. Après tout, les sectes créent leurs propres trucs et «séductions» pour les jeunes âmes, qui les attrapent. Prenons l'exemple des satanistes. Beaucoup de leurs sectes s'enivrent des rituels de cruauté, de débauche, d'émancipation complète, etc. Certains veulent du pouvoir, d'autres – de la facilité de s'enrichir en trompant les autres.

Pourtant, tout cela est donné pour la personne à choisir, ce qui attirera l'âme ce temps-là. Et au dernier moment de la répartition des âmes lors du Jugement Dernier, on ne leur demandera pas: «Vers qui veux-tu aller: Dieu ou le Diable?» Les juges examineront le film de vie sur un appareil spécial du plan subtil, puis ils évalueront la prédominance de ces énergies que l'âme a accumulées pendant les incarnations passées. Et après ce visionnement, l'âme sera tout simplement envoyée vers ce système, dont les énergies qu'elle a accumulées davantage. Aucun de ses souhaits ne sera déjà pris en compte, car ce sera alors une action inutile et dénuée de sens.

Dieu veut qu'on lui serve par l'appel de l'âme et pas par la contrainte. Par conséquent, il Lui est important que l'âme fasse des actes positifs tout au long de nombreuses réincarnations, en prouvant ainsi que dans chacune de ses incarnations, elle se souvenait de Dieu et aspirait à être avec Lui.

Nous nous souvenons, bien sûr, que les âmes négatives commettent de nombreuses actions négatives au cours de leur jeunesse, par stupidité, mais lorsqu'elles dépassent le stade de leur développement inférieur, l'Hiérarque négatif commence en «faire» les spécialistes nécessaires à sa Hiérarchie et à son Univers. Alors, ce seraient déjà des personnalités très respectées et intéressantes. Pourtant, la séparation se produit à de tels moments du développement des âmes, lorsque beaucoup d'entre elles n'ont pas encore atteint le Niveau où on peut en faire des spécialistes de qualité. Comme on dit, le temps n'attend personne et la séparation des âmes se produit souvent au détriment de plusieurs.

Après tout, il est impossible de développer une âme négative dans les qualités supérieures, car selon les Lois de l'Univers, elle doit être construite de manière hiérarchique, c'est-à-dire de manière cohérente du premier Niveau au centième dans la hiérarchie terrestre de l'homme. Et notre Dieu ne peut pas surpasser ces lois de l'existence universelle, Il est donc forcé de faire passer les âmes en développement par les Niveaux et les énergies les plus bas. Par conséquent, Il doit transférer de nombreuses jeunes âmes vers l'Hiérarque négatif pour la raison que leurs âmes sont pleines d'énergies négatives. Et cela prouve une seule chose – l'humanité elle-même a consacré peu de temps à l'éducation de cette personne.

Nous en écrivons encore une fois afin de vous rappeler que chaque enfant doit être élevé presque depuis son berceau. Et c'est dommage qu'on ne nous entende pas non plus.

Cas des ramasseurs de champignons

Lecteur. Parfois, on entend parler des ramasseurs de champignons d'expérience qui se rendaient compte tout à coup qu'ils étaient perdus dans la forêt, bien qu'ils connussent tel ou tel endroit, comme on dit, comme leur poche. Et avec ça, ils ne pouvaient pas longtemps trouver la zone familière. Après un certain temps, ils ont tout à coup retrouvé le chemin du retour. Les gens ont appelé de tels endroits «endroits satanés». Quelle est la raison?

Réponse. Les connaissances ésotériques comprennent des informations non seulement sur le monde physique, mais aussi sur celui subtil, sur les plans parallèles de la Terre, qui sont remplis, comme notre monde matériel, d'êtres vivants d'une structure subtile. Notre monde est riche en formes matérielles de vie, et les mondes parallèles sont remplis de formes du plan subtil. L'homme ne les voit pas (à l'exception de certains voyants qui possèdent la capacité de voir dans ce spectre d'énergies. Ils les décrivent et transmettent des informations à ceux qui s'y intéressent).

Parmi les entités invisibles du plan subtil habitant dans les forêts, on peut nommer les soi-disant Esprits de la Forêt. Chaque partie de notre planète est gérée et entretenue d'une certaine manière par des Substances* spéciales.

C'est l'homme qui croit que la forêt est vide, il n'y a personne sauf les animaux, et donc il peut y faire tout ce qu'il veut. Alors, certains véritables propriétaires de la forêt apparaissent parfois et montrent qu'ils sont capables de conduire une personne, comme on dit, «par le nez». Par conséquent, en agitant sa conscience et restant invisibles, ils bloquent les repères spatiaux dans la mémoire des ramasseurs de champignons et ces derniers commencent à se sentir perdus.

Cela arrive si l'Esprit de la Forêt, l'Esprit d'un tel ou tel endroit n'est pas satisfait de quelque chose. Par exemple, il peut ne pas aimer la façon dont l'homme ramasse les champignons, en détruisant le mycélium, ou en piétinant impitoyablement sur des myrtilles ou d'autres fraises, en produisant trop de bruit, en laissant des ordures, etc. L'homme doit se comporter bien dans la forêt, tout en se rappelant que les ressources forestières doivent être protégées et que tout doit être traité avec soin.

Les Esprits de la Forêt n'aiment pas les bruits des gens, ils ne tolèrent pas la négligence humaine. Pourtant, il arrive parfois que l'homme perdu devient tout simplement la victime de la mauvaise humeur de l'Esprit d'une telle ou telle zone, cela est aussi possible. Et il (l'Esprit de la Forêt)* reporte sa mauvaise humeur sur l'homme.

L'homme doit se rappeler qu'il n'est propriétaire que chez soi, et dans d'autres endroits, il est nécessaire de se comporter avec dignité, d'observer l'ordre existant et de ne pas prendre trop par l'avidité.

Si l'homme s'est perdu, elle doit s'arrêter, se calmer, mettre ses pensées à l'ordre et s'adresser à l'Esprit de la Forêt avec des excuses, demander pardon pour avoir fait quelque chose de mal. Et après avoir présenté des excuses, il doit lui demander de l'emmener sur un chemin qui lui est familier ou vers les gens.

Regard «caustique»

Lecteur. Certaines personnes négatives possèdent, comme je l'ai remarqué, d'un regard «caustique». Il devient malplaisant quand ils vous regardent. Autrement dit, la structure délicate de ces organes chez le peuple du Diable est capable d'inclure certains mécanismes qui les aident à exercer un effet destructeur sur d'autres, n'est-ce pas? À quoi ce regard sert-il?

Réponse. Non, ils ne sont pas encore capables de provoquer la destruction d'un coup d'œil. Ils n'ont pas encore accumulé un énergopotentiel* puissant de l'âme.

Dans les yeux, on peut voir l'énergie principale de l'âme humaine (cela est écrit dans notre livre « Révélations du Cosmos »). Un regard perçant signifie que dans les incarnations passées, l'individu a accumulé une grande quantité d'énergies d'agression, de mal, de haine envers d'autres formes vivantes. Et maintenant, ces qualités intérieures de l'âme ressortent à travers ses yeux et sont visibles pour l'individu positif observateur. Ce ne sont pas des mécanismes de destruction ni des organes, mais une manifestation d'une âme qui continue de haïr, veut asservir et détruire des individus positifs.

Pourtant, un tel regard, bien sûr, est capable de nuire aux individus positifs avec un faible énergopotentiel de l'âme, chez qui, pour cette raison, même la couche protectrice n'a pas le pouvoir de rejeter les énergies qui lui sont étrangères.

Par conséquent, un énergopotentiel plus fort du regard, si l'individu négatif le souhaite (ou une âme positive avec une prépondérance significative des qualités négatives), est parfois capable de se concentrer dans un faisceau et de porter un coup de couteau à une autre personne, tout en perçant sa défense, en formant un «trou» par lequel l'énergie d'une personne peut s'écouler, ce qui affaiblit ses forces. Un tel dommage est appelé « mauvais œil, maléfice ». Après avoir reçu une rupture, l'homme peut subir de grandes pertes de sa propre énergie. Un médium spécialement éduqué dans ce domaine peut réparer ces ruptures. Pourtant, l'homme peut apprendre à «guérir» ses ruptures soi-même. Au fait, pour cela, il est utile de visiter l'église.

Sous l'influence de puissants courants d'énergie s'accumulant dans les églises pendant les prières, les ruptures de la couche protectrice se ferment, la couche se nettoie et la rupture disparait. Mais on peut également prendre quelques leçons supplémentaires d'un médium expérimenté sur les méthodes d'auto-guérison et de la réparation des ruptures dans la couche extérieure subtile. Alors vous pourrez toujours surveiller vous-même votre santé énergétique.

Cependant, un individu positif peut être enseigné à l'avance de mettre une protection sur soi-même et ses enfant chaque fois quand on sort dans la société, en s'enfermant soi-même et chaque enfant séparément dans une boule ou un ovale miroir, où la surface du miroir est tournée vers l'extérieur pour rejeter les chocs énergétiques de l'ennemi. On peut également porter une amulette protectrice.

Cependant, toutes les personnes perverses n'ont pas le droit d'attaquer les individus positifs. Pour qu'un regard nuise à un autre, on a besoin d'une éducation et d'un programme approprié. S'il n'y a pas d'un tel programme, alors le regard lui-même ne peut pas nuire à un autre, ce sera simplement désagréable, et pas plus. De plus, il faut savoir que si l'énergopotentiel de l'âme d'un individu malveillant est inférieur à l'énergopotentiel de sa victime, alors il ne lui causera aucun dommage. Et pour développer votre potentiel, vous devez lire nos livres et nos Nouvelles Prières - ils contribuent tous à accumuler l'énergopotentiel de l'âme d'une personne et à augmenter ses propriétés de protection énergétique, et, par conséquent, à aider sa libre circulation et activité dans la société.

Comment se défaire d'une mauvaise habitude

Lecteur. Excusez-moi pour la question de niveau bas, mais peut-être Votre réponse nous dirigera vers la voie positive aussi bien que nos adhérents.

Mon mari fume depuis 20 ans. En étudiant Vos informations, il comprend tout, il expose tout, en commençant par la physiologie et jusqu'à la matrice de la Conscience. Il a révélé la raison de sa dépendance au tabagisme, après avoir décomposé théoriquement tous les énergocomposants selon les nouvelles informations. Pourtant ... il ne peut pas arrêter de fumer! C'est pourquoi il souffre énormément, en se croyant faible. Bien que ce ne soit pas le cas! Il a de la force de caractère (selon d'autres indicateurs).

En lisant les réponses aux questions, il a compris que le Déterminant a le droit de le punir sous forme de maladie ou par d'autres méthodes sévères. Il a également appris que les Substances du plan subtil, qui imposent certains désirs à une personne, y sont souvent directement liées.

A ce propos, on a quelques questions pour comprendre enfin ce qui l'empêche d'arrêter de fumer. Les questions sont les suivantes.

1. Question. Cette qualité négative est-elle prévue par le programme?

(Il a cette dépendance depuis l'enfance, malgré que mon mari provienne d'une famille prospère.)

1. Réponse. Cette habitude n'est pas programmée, mais la personne a dû faire le bon choix dans l'enfance. C'est un défaut de son éducation. Les parents devaient le faire pratiquer le sport, qui ne permet tout simplement pas de telles habitudes pendant une période dangereuse pour le développement d'un enfant, quand il succombe facilement à l'influence de quelqu'un d'autre.

La vie a montré que les enfants qui sont sérieusement engagés dans le sport ou l'art, avec la présence obligatoire de bons professeurs, n'ont pas d'habitudes négatives. La présence d'un sens positif du but pendant la petite enfance permet de prévenir les choix négatifs.

De nombreuses habitudes qui proviennent de l'enfance ne sont pas toujours le défaut de la personne elle-même mais celui de la société qui ne prête pas l'attention voulue à l'éducation des enfants. Par conséquent, lorsqu'il n'y a pas de bons enseignants positifs, leurs places sont prises par des amis de la rue ou des personnalités du Système négatif qui imposent leurs priorités.

2. Question. Dans quelle mesure ce vice est-il lié aux substances du plan subtil? Peuvent-ils influencer ses désirs?

(Il lit des Prières et des Lois presque tous les jours, mais il ne comprend pas pourquoi la substance, qui s'est attachée à lui avec le tabagisme, est si forte, résistante aux énergies pures des textes élevés.)

2. Réponse. Le tabagisme est une qualité qui se construit dans la couche astrale d'une personne et, au fil de nombreuses années, elle acquiert un tel pouvoir qu'elle commence à former une dépendance physique à la nicotine. La glande nicotine cesse finalement de produire de la nicotine, qui est remplacée par un apport artificiel de la cigarette.

C'est déjà de la physiologie, et les substances n'y ont aucune influence. Dans l'incarnation suivante, ces dépendances chez ces personnes seront supprimées et remplacées par des maladies pulmonaires. (Les poumons peuvent être tout simplement affaiblis dès la naissance si, en général, la personne a mené une vie juste. Le comportement général de l'individu doit être pris en compte.)

On a remarqué il y a longtemps que la volonté d'une personne ne se manifeste pas en tout: la personne peut refuser facilement quelque chose et réussir en quelque chose d'autre, mais elle n'est pas capable de refuser une autre chose. Cela suggère que la volonté de l'individu n'a pas encore atteint un état absolu et qu'elle doit continuer à se développer. Peut-être, il faut y prêter une attention particulière et consacrer dans cette vie autant de temps que possible aux exercices pour atteindre l'amélioration complète de cette qualité, c'est-à-dire à affiner la volonté jusqu'à l'état idéal, afin qu'une personne puisse contrôler complètement ses désirs et pouvoir arrêter à tout moment l'expression négative de sa volonté, en ne lui permettant pas de se manifester. Seule la volonté absolue en est capable.

Pourtant, si, néanmoins, une personne est assez volontaire et elle atteint d'autres buts, alors elle doit essayer de nouveau de travailler sur son vice, continuer à affiner sa volonté et vaincre son désir bas. On peut commencer par remplacer ce désir par un nouveau goût. On peut essayer les sucettes au moment où on a envie de fumer. On peut en choisir le goût le plus agréable.

On peut étouffer le désir naissant avec un sport, en lisant un livre intéressant et passionnant, ou en introduisant une autre activité intéressante. Dans un cas extrême, on peut consulter un psychologue, car il devrait déjà avoir beaucoup de tels cas au cours de sa pratique, et il pourra conseiller ce qui est exactement mieux pour supprimer de tels désirs en soi.

Processus de la réalisation de son vice

Lecteur. Comment se passe le processus de la réalisation de son vice au niveau énergétique de l'homme? (La conscience est prête à abandonner l'habitude, mais la physiologie y résiste, alors que le subconscient, malheureusement, n'accepte que le résultat final.)

Réponse. La prise de conscience ne suffit pas pour une dépendance. L'homme admet facilement qu'il a développé une habitude négative qui doit être traitée. Mais en général, cela n'amène à rien. L'action même du refus est importante, ce qui est déjà une manifestation de la volonté. Cette dernière peut bien se manifester dans d'autres domaines, mais quand il s'agit des habitudes, il est assez difficile pour l'homme d'y faire face. Cela se produit tout de même en raison de la valeur insuffisante d'énergopotentiel de l'individu. Le potentiel doit être beaucoup plus développé.

La volonté ne s'accumule pas de la même manière dans des qualités différentes. Elle (la volonté)* traite facilement certaines qualités, tandis que d'autres qualités négatives ne peuvent pas souvent être surmontées pendant de nombreuses années de la vie. La chose la plus difficile pour elle (la volonté)* est de traiter les habitudes personnelles et agréables d'une personne, répandues dans l'environnement de l'individu. Après tout, l'homme accumule ces habitudes pendant un temps long, progressivement, de sorte qu'elles semblent prendre racine dans son esprit et il est plutôt difficile de les expulser. Par conséquent, l'homme doit en faire appel à sa volonté pour s'aider, ayant préalablement augmenté, si possible, son énergopotentiel jusqu'à une certaine valeur, par exemple, à l'aide de nos nouvelles Prières.

De plus, le temps qu'il a passé pour acquérir cette habitude, il doit l'accorder pour la combattre: par exemple, chaque jour, il essaie de refuser une cigarette, puis deux, et ainsi de suite, jusqu'à ce qu'il se sente mieux. En même temps, il faut se charger de plus en plus d'activités utiles, de sports, de loisirs, etc.

Ce n'est que par un refus persistant et systématique de ce que cet homme aime, dans ce cas – du tabagisme, qu'il pourra éteindre ce désir. (Il doit le refuser constamment, éteindre les désirs qui apparaissent ou les remplacer par une autre chose: boire du thé, manger un sandwich, faire quelques tours autour du quartier, etc.) Il faut essayer de différentes façons de combattre l'habitude et choisir celle qui convient le mieux. Bien sûr, il y aura certainement un tel moyen.

Mais la lutte contre les habitudes négatives doit obligatoirement être incluse dans les méthodes du perfectionnement de l'âme. L'Univers est immense, la vie se développe différemment aux Niveaux différents, et donc à chaque Niveau, il y a toujours quelque chose que l'âme aura besoin de combattre en elle-même et qui doit être abandonnée.

Le Déterminant peut-il aider son élève

Lecteur. Ces derniers temps, les gens font face à une variété de problèmes dans leur vie. Parfois, ils semblent insolubles, ils mettent l'homme dans la panique, la dépression, qui l'empêchent de progresser et d'avancer vers le but à une certaine vitesse. Certains problèmes attirent les gens dans des dettes karmiques, ce qui peut ralentir le développement de l'homme pendant plusieurs incarnations. Par conséquent, une question se pose - le Déterminant personnel peut-il aider son élève à résoudre les problèmes, si le dernier se tourne vers Lui avec une demande? Est-ce que cela ne sera pas trop énergivore pour tous?

Réponse. Dans ce cas, tout dépend du problème lui-même, de ce qu'il contient. Si cela concerne la même force de l'habitude, alors le Déterminant ne s'y engagera pas, puisque le développement de la volonté de l'homme, sa progression ou sa dégradation partielle, dépend du fait s'il abandonne son habitude de fumer ou il continue. C'est déjà une épreuve de l'homme pour la stabilité de certaines de ses qualités personnelles. Par conséquent, dans de telles questions, le Déterminant ne l'aidera pas. L'homme doit se battre pour ses qualités.

Mais si le problème est ailleurs, par exemple, si l'élève s'est retrouvé sans moyen de subsistance en raison des circonstances, alors Il essaiera de l'aider, par exemple, en faisant appel à un parent ou même à une personne étrangère décente qui comprendra la complexité de la situation de l'élève et lui prêtera une aide matérielle ou autre.

Il arrive souvent que certaines personnes aident les autres. Mais parfois, pour provoquer une telle aide chez quelqu'un, cette personne reçoit une impulsion de son Déterminant. Par exemple, dans ce cas, l'individu qui doit aider reçoit de son Déterminant une vision ou une sorte de souvenir pour lui rappeler qu'une fois lui aussi il avait des difficultés similaires, et c'étaient les étrangers qui l'ont aidé à en sortir. Alors maintenant, le moment est venu de rembourser une dette similaire à une autre personne qui se trouve également dans une situation difficile.

Il se rend compte qu'il faut aider un ami, et ainsi, par son assistance, il réalise sa dette karmique passée, tout en aidant une autre personne qui se trouve maintenant dans une situation difficile. C'est ainsi, en aidant les uns les autres, que la gentillesse et la réciprocité embrassent notre planète.

Si l'homme ignore une telle vision ou impulsion, alors son Déterminant personnel continuera à lui enseigner la miséricorde par des méthodes dures. À cause de cela, quand l'homme ne répond pas à un signal de l'aide à un autre, une série de problèmes peut commencer dans sa vie. Et cela continuera jusqu'à ce que l'homme ne se rende compte de son erreur et ne commence à aider les autres.

Souvent, les Déterminants, en apprenant à leurs élèves à des qualités positives, parviennent à un accord mutuel sur lequel de leurs élèves du monde inférieur peut aider ceux qui se trouvent dans une situation difficile.

Parfois, le Déterminant aide son élève pendant l'examen. Par exemple, un élève veut entrer à l'université, étudie bien les matières nécessaires, mais au moment de l'examen, il devient si perdu d'émotion qu'il ne sait pas répondre aux questions. Dans une telle position, une pensée peut apparaître dans la tête de l'élève: « Si je choisissais une autre question? »

Il le demande au professeur, qui l'accepte par surprise. Et alors, lorsque le candidat s'arrête à la table où les questions sont notées sur les feuilles de papier, il voit tout à coup clair qu'il faut prendre la quatrième feuille à sa gauche. Et quand il la prend, il voit qu'il connaît bien les informations sur les questions qui y sont notées, et par conséquent, il obtient une note satisfaisante.

Il pense que c'est un hasard, mais en fait c'est le travail de son Maître Céleste, qui comprend bien que son élève doit obligatoirement réussir à l'examen pour recevoir ensuite une bourse afin d'en survivre, car ces parents âgés ne peuvent pas lui donner de l'argent. Le Déterminant Positif veut accélérer le développement de son élève, donc Il est intéressé à l'apprendre le plus rapidement possible et à l'aider à devenir un professionnel dans une certaine domaine.

Il y a eu des cas où un élève choisissait une question, et il lui semblait qu'il n'y savait rien, bien qu'il eût étudié ce sujet. Mais quand il s'asseyait pour écrire les réponses aux questions posées, il se souvenait par surprise que tout ce qu'il avait étudié commençait à émerger dans sa mémoire.

Alors il se souvient de tout comme par magie et commence à griffonner des réponses comme sur une machine à écrire. Ayant reçu une bonne note, il se demande alors comment il a soudainement réussi à se souvenir de tous les détails? De nombreuses années vont passer avant qu'il se rende compte, après avoir étudié nos informations, que c'est le Déterminant qui lui a dicté par télépathie ce qu'il a étudié, mais a oublié à cause de l'émotion.

Le Maître Céleste a décidé que son élève méritait une telle aide d'en Haut, car il avait toujours étudié la matière avec diligence, et l'absence de mémoire, ce n'est que la conséquence de son émotion. L'émotion passera, mais la connaissance restera. C'est ainsi que les Déterminants positifs peuvent influencer le destin de leur élève.

Bien qu'il arrive que certains Maîtres Célestes ne soient pas satisfaits par la préparation de leurs élèves aux examens, et lorsque ces derniers oublient quelque chose, ils ne leur suggèrent rien.

Dans ce cas, Ils punissent leur élève par le faire repasser l'examen et alors par une autre émotion. Et cela suggère que de cette manière, Ils exigent de leur élève une attitude plus sérieuse envers cette matière, car, évidemment, Ils savent qu'un jour dans le futur il aura besoin de ces connaissances.

Les Déterminants positifs sont différents et chacun a sa propre opinion sur une telle ou telle question, par conséquent, Ils agissent de manière différente dans de telles situations. Sans parler de ceux négatifs. Ils mènent strictement leurs élèves négatifs selon leurs programmes, et ces élèves peuvent entrer librement dans les établissements d'enseignement supérieur et réussir aux examens, en passant un temps minimum à se préparer aux examens.

Dans cet article, on a évoqué les cas de réussite aux examens dans la vie des auteurs selon l'ancienne version, c'est-à-dire avec des feuilles de papier et sans ordinateur. Mais ces examens nous ont aidés plus tard à analyser comment se produit le lien entre l'élève et le Maître et comment ce dernier peut aider son administré.

Impulsions d'avertissement

Lecteur. Vous avez écrit dans l'un des livres que l'âme d'une personne peut lui envoyer des impulsions d'avertissement sur une situation indésirable. S'agit-il toujours d'une seule impulsion unifiée ou des impulsions qui peuvent provenir indépendamment dans ses parties positives et négatives?

Réponse. Les impulsions peuvent être très différentes. Elles viennent à l'esprit d'une personne sous la forme de quelques mots, phrases, souvenirs, visions. Parfois, on peut lire les conseils dans un journal et sentir tout de suite au fond de l'âme que ces phrases dans le journal ou le magazine, les paroles des présentateurs à la télé sont une réponse à la question cachée. L'âme seule peut ressentir, que la personne reçoit la réponse sous forme d'un signe comment agir dans une situation où elle s'est retrouvée au travail ou à la maison.

Une impulsion peut se manifester au sens figuré comme une image qui apparaît instantanément dans la tête et disparaît immédiatement. Il est important de saisir l'essence de cette image, de l'analyser avec la vie pendant une période de temps, de faire une comparaison, d'essayer de comprendre quelque chose.

L'impulsion peut sonner dans la tête pour indiquer qu'il faut y prêter attention, ou peut-être qu'il faudra se souvenir de quelque chose. Par exemple, l'homme regarde un film, voit une certaine situation et reçoit immédiatement une impulsion sous la forme d'une pensée - «C'est exactement la même chose que la mienne. Analyse! » Et alors, l'analyse du film aide la personne, il corrige sa situation dans sa vie personnelle. Par conséquent, il faut toujours faire attention à ce qui clignote dans votre tête lorsque vous regardez un film, une pièce de théâtre, lorsqu'on vous raconte quelque chose, etc.

L'impulsion peut être sans paroles ni visions, mais elle peut être clairement ressentie en soi-même. Il ne faut qu'écouter l'état intérieur et apprendre à ressentir ce qui se passe là-bas, à l'intérieur de vous. On dit cela pour que chacun apprécie ce qui se passe à ce moment à son intérieur et son extérieur. Analysez et réfléchissez à quoi sert ce signal.

Ci-dessus, on a parlé des avertissements envoyés à l'élève par son Déterminant. Pourtant, l'âme de l'homme elle-même peut aussi signaler à son maître. Sur la base de la perception de la réalité environnante par l'homme, son âme peut se souvenir de quelque chose de son expérience passée, se rappeler des sensations agréables ou désagréables.

Par exemple, après avoir reçu un certain nombre de faits de la vie réelle, elle se souviendrait qu'après un certain de leur nombre dans le passé, il y avait un danger. Et alors, en se souvenant de cela, elle (l'âme)* peut également envoyer un avertissement à l'homme sous la forme d'une sorte de sensation désagréable de danger. Alors l'homme doit être vigilant et préparer à l'avance un plan de son sauvetage à toute éventualité.

Il faut obligatoirement écouter les sensations de l'âme. Par exemple, les écoliers éprouvent de telles sensations le plus souvent. Si quelqu'un reste tard la nuit quelque part, il commence à éprouver un sentiment d'oppression comme si les problèmes l'attendaient. Il se presse de rentrer chez lui et là, il est toujours grondé par sa mère ou son père. Beaucoup d'enfants ressentent une chose pareille et leurs peurs sont toujours justifiées.

Plus tard, un tel sentiment peut se transformer en intuition, qui anticipe les dangers de la vie de l'homme. Cette intuition fonctionne bien parmi les conducteurs, elle les aide à éviter de nombreux dangers sur la route. Si tout à coup une sensation désagréable apparaît dans l'âme du conducteur, il ralentit, il commence à scruter la route et voit tout à coup qu'elle s'est abîmée devant. Il s'arrête et l'image suivante s'ouvre devant lui : une voiture qui allait très vite devant lui tombe à moitié dans cette zone défiante. Il s'avère que les eaux souterraines ont érodé la base de la route à cet endroit et qu'un trou s'y est formé.

Alors celui, dont l'intuition a fait un bon travail, a sorti un câble, l'a attaché à la voiture partiellement défaillante et a aidé à la retirer avec les passagers. Ainsi, grâce à l'attention portée à sa sensation intérieure, cet homme a sauvé non seulement sa propre vie, mais aussi la vie des autres.

Un autre conducteur racontait qu'il avait aussi une sorte d'anxiété avant le virage sur l'autoroute. Il s'est arrêté et a marché jusqu'à ce virage pour le vérifier. Là, après le virage, sur la route, il a vu un élan couché par terre, apparemment renversé par quelqu'un.

L'animal ne pouvait pas se lever. Le conducteur a appelé les sauveteurs, qui l'ont emmené dans un hôpital vétérinaire. En conséquence, l'animal a été sauvé (on l'a ensuite transporté au zoo) et le chauffeur de sauvetage lui a rendu visite plus d'une fois pour offrir quelque chose de savoureux. Dans ce cas, l'intuition du conducteur a contribué à sauver une autre vie. De plus, dans l'âme de l'élève, un désir est né – celui de sauver chaque être vivant, car ensuite il recevait de lui un regard reconnaissant, et son âme éprouvait des sensations indescriptibles.

La partie positive de l'âme de l'homme accumule non seulement une certaine expérience, mais de plus, fixe nécessairement les résultats de certains de ses faits cognitifs, met en évidence de manière particulière ce qui arrive à l'homme qui a traversé un certain nombre d'événements. Toute âme a une telle capacité – analyser ce qui se passe autour et faire des conclusions générales, pour que plus tard, elle avertisse l'homme que le danger l'attend (ou attend quelqu'un d'autre)..., pourtant ce pourrait être de la joie, alors le sentiment intérieur peut être agréable.

Ainsi, en fonction de l'expérience de vie accumulée, l'âme de l'homme peut se transformer en un analyseur très sensible, elle saura donner des sensations agréables ou désagréables, dérangeantes ou joyeuses, et l'homme doit absolument y prêter attention. L'âme avertit et envoie des impulsions pour empêcher le mal. Par exemple, la mère, dont le fils est conducteur, peut parfois ressentir quelque chose de désagréable dedans avant son long voyage. Et il y a eu des cas où, en lui introduisant de faire un long voyage, la mère lui a sauvé la vie, car, comme il s'est avéré plus tard, sur la route qu'il devait prendre, il y avait eu un effondrement de rochers et plusieurs voitures ont été renversées.

La partie négative de l'âme peut également aider l'homme, en la dirigeant vers le développement de certaines connaissances scientifiques qui pourraient lui être utiles dans l'avenir. Elle peut avertir l'homme du danger d'une autre manière, par exemple, en lui faisant développer une peur panique dans certaines situations de la vie et en le sauvant ainsi.

Pourtant, s'il y a de mauvaises qualités dans la partie négative, les substances négatives du plan subtil peuvent les utiliser, en faisant l'homme commettre du mal, des actions pécheresses. Si l'individu a acquis une volonté suffisante, alors il ne succombera pas aux provocations des substances négatives, il n'obéira qu'aux aspirations menant à la connaissance de la partie négative du monde par le développement de différentes professions, certains types de sports et par l'assimilation des connaissances scientifiques associées à l'étude des énergies négatives, de leurs propriétés et possibilités dans la construction du monde.

De plus, il est déjà temps pour l'homme de contrôler constamment son comportement, ses pensées et de réfléchir lesquelles de ses actions peuvent conduire au mal et lesquelles - au bien.

Il ne faut pas oublier qu'un individu négatif a une partie basse qui envoie des impulsions pour le massacre des autres, la destruction, les scandales, etc., et une partie haute, dont les impulsions contribuent à l'augmentation du Niveau de développement dans la connaissance de la branche négative de l'évolution. Pourtant, chez le négatif, le programme fonctionne mieux, il l'entraîne dans certaines situations difficiles, et son intuition n'apparaît qu'au milieu de la hiérarchie négative à peu près.

Comment se développer après

Lecteur. Ma question est la suivante. Sans le savoir, de nombreux adeptes de vos enseignements perçoivent notre existence d'une manière différente à celle d'avant. Autrement dit, ils ne poursuivent plus de beaux rêves – conclure un mariage avantageux, trouver un trésor pour ne plus travailler. Après tout, ils savent et comprennent maintenant qu'ils sont les unités de travail du cosmos. Les incarnations dans le corps humain sont l'une des étapes de leur développement. Alors que leur être environnant est temporaire.

Leur valeur, celle des hommes, réside dans la capacité de bien traiter les énergies pour les Substances Supérieures et la Terre. Alors maintenant, que les Supérieurs peuvent-ils conseiller à ceux qui sont éclairés un peu par votre littérature? Après tout, autrefois, par exemple, si on voulait avoir un bébé, on l'imaginait comme la naissance d'un petit enfant tant attendu. Et maintenant, une image apparaît immédiatement dans la tête: une âme d'un certain Niveau de développement sera mise à l'aide des Déterminants dans la couche physique en développement, attachée à l'un des Systèmes hiérarchiques du cosmos. Il est possible que ce sera un individu négatif, lié par le karma à ton programme du développement, et ainsi de suite. Les pensées sont tout à fait différentes maintenant. J'espère que je trouverai la compréhension chez Vous et Vous ne me tiendrez pas pour un boudeur. Alors, de quoi doit-on s'occuper maintenant?

Réponse. Le livre « Le but du développement humain » parle spécifiquement de la direction dans laquelle les gens doivent se développer.

Pourtant, en bref, il est important que chaque individu sur la Terre complète le programme de la 5ième race, sinon ses qualités resteront inachevées. Par conséquent, il doit se marier par la loi une fois. Un mariage à l'église a également la force de la loi, mais il ne faut pas vivre dans un concubinage, ce qui accumule du karma; il ne faut pas se retenir d'avoir des enfants, quels qu'ils soient envoyés par Dieu, en aucun cas il ne faut pas les quitter, quels qu'ils soient malades (ou négatifs).

Grâce à la famille et à l'éducation des enfants, on développe les meilleures qualités humaines et la moralité. En outre, l'homme doit être honnête dans son travail dans la sphère sociale. Sans l'accumulation de hautes qualités morales, personne ne sera admise à la Sixième race. Mais avant d'y être admis, l'homme devra payer toutes ses énergodettes.

Par conséquent, il est important de travailler très sérieusement sur soi-même et les relations avec les autres. De plus, il reste important d'augmenter l'énergopotentiel de l'âme. Cela est mieux fait par les informations de la Nouvelle Connaissance, ce qui a été prouvé par nos expériences: les auras des gens deviennent bleues et azurés, ce qui augmente le spectre fréquentiel de l'âme humaine vers les hautes énergies.

De plus, une étude sérieuse de toutes nos informations contribue à l'expansion générale de la conscience humaine, car l'humanité a de nombreux nouveaux concepts à comprendre. Autrement dit, il est maintenant important de vivre honnêtement dans une famille et de travailler dans la production, de peiner honnêtement, de continuer à développer les mêmes qualités positives telles que la gentillesse et la miséricorde, d'aider les autres, d'acquérir des qualités professionnelles de haute qualité, il faut continuer à s'engager dans la créativité et essayer d'apporter certaines qualités à la perfection.

Il faut écouter l'âme, votre Déterminant vous enverra certainement des impulsions dans la direction qui nécessite des améliorations de votre part. Vivez dans la bonté, aidez la famille et les gens autour de vous. Le plus important est de ne pas commettre de nouvelles erreurs pour pouvoir être transféré à la Sixième race le plus tôt possible.

Les Supérieurs enverront de nombreuses situations difficiles à l'humanité, et il est important de les surmonter toutes sans erreurs. De nouvelles situations vous donneront l'occasion de vous exprimer de nouvelle manière.

Chapitre 2
PARTICULARITES DU DEVELOPPEMENT DES AMES

Quelles connaissances sont plus prospectives à l'homme: celles matérielles ou spirituelles

Lecteur. Quand on va à l'école et passe de classe en classe, on voit clairement comment l'âme se développe, comment elle évolue d'année en année. Mais dès qu'on termine l'école et la quitte, on cesse immédiatement de comprendre si l'âme progresse ou, au contraire, se dégrade. J'aimerais trouver la réponse à cette question, car je crois que l'homme doit toujours comprendre où il va et pourquoi.

Bien sûr, dans le monde moderne il y a plein d'informations les plus diverses qui sont capables de donner à chacun une grande impulsion dans le développement. Pourtant il faut toujours le surveiller, il faut se contrôler constamment de près. Avec une étude attentive et une compréhension correcte, l'homme est capable de monter, comme je le crois, de 10 Niveaux maximum. Pourtant, il n'est pas clair dans ce cas, dans le développement de quelles qualités ce développement sera exprimé. Après tout, l'homme doit avoir une variété de qualités, par exemple celles d'un constructeur, d'un musicien, d'un écrivain et tout simplement de l'art cuisinier. Mais avec vos livres, on ne peut pas acquérir de telles qualités ordinaires, on n'apprendra pas à mener une vie simple, se procurer des finances, s'installer bien et fermement dans la vie quotidienne, nourrir la famille et gagner de l'argent. Ou sera-t-il suffisant pour une âme de s'élever dans la hiérarchie générale humaine de 10 Niveaux pour comprendre le monde et chacune de ses actions à travers la compréhension de vos livres? Dans ma compréhension, le Niveau général du développement humain est établi à partir de différentes qualités avec le développement de l'homme dans une variété d'activités et de professions. Il me semble que l'homme doit savoir faire absolument tout. Mais dans ce cas, ne sera-t-il pas un fardeau trop lourd sur les épaules de l'homme? Je crois que c'est déjà exprimé par Kozma Prutkov qui a dit: « On ne peut pas saisir l'insaisissable ».

Où est la différence entre le matériel et le spirituel?

Réponse. Commençons par la dernière question. Les termes «matériel» et «spirituel» se diffèrent dans leur base: la matière pour une personne est une substance visible, tangible, qu'on peut toucher, mesurer et même sentir et goûter; tandis que le «spirituel» est basé sur le concept de l'Esprit, c'est-à-dire quelque chose d'invisible, d'intangible, d'insaisissable et donc d'incompréhensible.

L'homme connaît la matière depuis son enfance et a la possibilité de l'observer chaque jour sous diverses formes et manifestations, à son aide il apprend davantage sur le monde qui l'entoure, comprend les secrets de la nature. De plus, la matière l'aide à vivre: donne un logement, de la nourriture et même de nombreux plaisirs; mais il ne comprend toujours pas ce que c'est le «spirituel», parce qu'il ne le voit pas et ne le ressent pas. Cela continue à lui rester mystérieux et incompréhensible. Pourtant le terme «spirituel» porte beaucoup pour un terrien.

Premièrement, il parle d'un état complètement inconnu pour l'homme – celui de l'Esprit, ou d'une âme que l'homme ne voit pas, bien qu'il ne puisse pas vivre sans elle, comme sans sa base principale. Esprit, âme – c'est le fondement qui est à la base de toute chose vivante, spiritualisée. Ils (esprit, âme) ont une structure très concrète, ils sont capables, contrairement à la matière, d'exister dans l'éternité, en donnant à l'âme humaine la possibilité de passer dans un état éternel, de recevoir l'immortalité.

Par conséquent, les Maîtres Suprêmes travaillent ferme pour enseigner aux gens, leur donner une connaissance, puis une autre. Seules les connaissances «spirituelles» sont capables de transférer l'homme de la matière à l'existence périssable et éphémère vers le mouvement évolutif immortel dans l'Univers.

Les connaissances spirituelles sont la science de comprendre ce qui est encore au-delà de la visibilité et des sensations des gens. Ces connaissances permettent à une personne, qui n'est pas encore entrée dans ce monde mystérieux et élevé, d'apprendre les lois de son existence et de son amélioration, de comprendre les lois de la vie et de la mort, les lois de l'Éternité et de la Gloire de la grand de la Raison - et de comparer tout cela à l'insignifiance de la vie matérielle d'une personne, aussi courte que la vie d'un papillon, si éphémère, pleine de ténèbres, de saleté et de désespoir.

Les connaissances spirituelles ouvrent aux gens les perspectives vers une existence sans fin, pleine de vraies valeurs spirituelles, luisante de richesses et de beauté incomparables, remplissant l'âme de chacun qui vit par des impulsions inspirées de la création, de l'optimisme et de la soif de noblesse et d'Amour pour tous les êtres vivants.

Pourtant, revenons au matériel. L'homme contemporain ne peut pas s'en passer à ce stade. Il le nourrit, le réjouit par de bonnes choses; mais il est court, périssable et ne donne aucune perspective d'existence éternelle dans l'avenir.

C'est vrai, à première vue, il semble que l'homme est surchargé dans la vie contemporaine, il a besoin d'apprendre tant de choses. Bien sûr, une personne paresseuse y commence à paniquer, devient désespérée et peut dire: «Je ne peux pas le faire». Il ne reste pas une seule minute libre pour soi-même. C'est vivre dans un stress constant, c'est exister dans le stress, avec des surcharges fréquentes. La vie elle-même peut donc ressembler à une guillotine sèche. Alors que l'on veut vivre dans le plaisir, se réjouir de tout et, encore moins, se réjouir de chacune de ses réalisations.

Mais rappelons-nous que l'homme a plus d'une vie pour se développer, que son perfectionnement consiste dans le passage par de nombreuses réincarnations. Pourtant, dans le monde tout est arrangé de telle manière qu'il ne parvient qu'à se voir dans une seule incarnation et donc il lui semble, comme il semble à vous, qu'il doit maîtriser absolument tout en une seule vie.

Pourtant, si vous êtes attentif, vous pouvez noter que la capacité à faire, comprendre, maîtriser quelque chose est différente pour chacun. Une personne maîtrise très vite les affaires de complexité différente, tandis que l'autre se voit peiner pour apprendre le nouveau. C'est par cette capacité à maîtriser de nouvelles choses qu'on peut voir les différences en évolution des gens. Ceux, dont les âmes ont déjà traversé de nombreuses réincarnations, peuvent maîtriser ces nouvelles choses rapidement et facilement, et en peu de temps ils deviennent des ouvriers qualifiés. Par contre, si quelqu'un ne peut pas réussir, peu importe ce qu'il entreprend, et tout se passe très mal pour lui et avec beaucoup de difficultés, cela suggère qu'une telle âme a eu peu de réincarnations, par conséquent, elle a acquis peu de compétences professionnelles jusqu'à présent. Il existe une telle relation entre le nombre de réincarnations et le développement de nouvelles qualités.

Puisque l'homme vit dans une société, c'est-à-dire dans un certain groupe social, alors, tout d'abord, il doit développer en lui-même des qualités professionnelles qui contribuent à l'amélioration de son environnement et à la création des conditions favorables à la vie et au développement de chaque membre de la société. Toutes les professions acquises par une personne doivent correspondre au niveau du développement de la civilisation donnée.

Toutes les connaissances de l'artisanat et les arts industriels de nature appliquée, tels que charpentier, menuisier, forgeron, chauffeur, fournier et autres ouvriers, ainsi que les travailleurs du village, correspondent généralement aux Niveaux de développement du Niveau 1 à 10. Pourtant, pendant une seule vie, l'individu ne peut pas s'élever par plus d'un Niveau. Bien que certains de ces travailleurs atteignent un très haut professionnalisme, leurs professions ne contribuent pas au développement élevé de l'intellect humain et ne l'aident pas à s'élever en termes d'énergie. A la fin de 2000, l'homme a atteint un Niveau supérieur complètement différent, et le nombre de toutes sortes de professions a augmenté en raison des besoins croissants des gens et de la diversité de leurs vies. De là, il y a eu une augmentation d'une variété de spécialités et d'études pour acquérir des compétences créatives et professionnelles.

Seul l'énergopotentiel* intérieur de l'âme, sa croissance contribue à l'augmentation du Niveau général du développement humain. Pourtant, toute connaissance terrestre sur le matériel a un petit énergopotentiel et n'est donc pas capable de transférer beaucoup d'énergie puissante à l'âme de l'homme. Alors que les connaissances spirituelles sur la vie et le développement des Substances Supérieures et de Dieu, sur la structure et le développement de l'Univers, des volumes mondiaux et de l'Univers porte des Hautes énergies puissantes, et donc transfèrent leurs hauts potentiels aux âmes des gens. C'est pourquoi une personnalité, qui étudie ces connaissances, est capable de s'élever à un Niveau beaucoup plus élevé dans les termes les plus courts par comparaison à celui qui étudie les connaissances matérielles.

Par conséquent, une personne ordinaire qui étudie notre Nouvelle Connaissance est capable d'augmenter mieux l'énergopotentiel de son âme que même un docteur en sciences techniques. Comme, on souligne ce que les Maîtres Suprêmes nous ont dit, la connaissance technique ne porte aucune charge énergétique et ne contribue donc pas à la croissance spirituelle de l'homme. Par conséquent, une personne ordinaire, qui étudie nos livres, peut surpasser le même professeur ou docteur en sciences techniques en son énergopotentiel spirituel.

Il s'avère que les connaissances différentes portent également une charge énergétique différente, par conséquent, certaines personnes, qui étudient et inventent quelque chose, augmenteront leur énergopotentiel intérieur de l'âme et, par conséquent, augmenteront leur Niveau, tandis que d'autres, même avec une intelligence élevée, passeront beaucoup de temps à « piétiner » sur leur ancien Niveau (selon la hiérarchie générale de l'Homme)*. Cela a été fait exprès par les Supérieurs pour que l'homme s'efforce de passer au-delà des concepts terrestres.

Il faut noter une autre caractéristique du développement des races et des civilisations terrestres. Elle ne se perfectionnent pas de la même manière au cours de leur existence. Au début de leur formation, les gens ont naturellement de bas Niveaux du développement, au milieu de la civilisation, des professions plus complexes de différentes directions du développement leur sont ajoutées, et à la fin - les individus qui atteignent la perfection maximale s'élèvent dans quelque chose à de tels sommets de progrès ce qui deviendra plus tard des modèles pour imiter les individus qui commencent leur développement dans la civilisation suivante.

Pourtant, revenons à notre cinquième race. Pour résumer ce qui précède, on peut dire qu'au Moyen Âge, il y avait un Niveau, dont les normes étaient à la mesure de certaines professions, et à la fin de l'an 2000 - un autre Niveau, plus élevé. De là, il y a eu une augmentation d'une variété de spécialités et d'études pour acquérir des compétences créatives et professionnelles. L'homme doit apprendre à maintenir l'environnement de son existence, de se procurer ainsi que procurer sa famille de tout ce qui est nécessaire, être capable d'établir des contacts amicaux avec n'importe quel membre de la société, maîtriser les lois de la morale et toutes les interactions sociales adoptées à ce Niveau du développement de la civilisation.

Parallèlement à tout cela, à partir d'un certain Niveau du développement, il commence à acquérir les connaissances spirituelles, qui sont toujours transmises aux gens d'en Haut* à travers certaines personnes.

Il est impossible pour un sauvage de commencer à maîtriser tout de suite les connaissances spirituelles n'ayant pas de concepts du monde qui l'entoure. Cela nécessite des milliers d'années d'expérience. Autrement dit, **pour accepter les Nouvelles Connaissances et développer de la spiritualité en soi-même, l'âme doit accumuler au maximum les connaissances pratiques des incarnations passées.** Et pour continuer à développer la spiritualité, il faut introduire dans les connaissances non seulement de nouvelles théories sur le développement du monde, mais également des pratiques paranormales.

    La spiritualité comprend les connaissances et les expériences de nombreuses incarnations, mises ensemble depuis tout ce qui est le meilleur, le plus haut, le plus humain et le plus moral, depuis tout ce qui est super parfait et puissant, noble et élevant l'âme de l'homme à l'homme-Dieu.

    La principale chose que chacun de nous doit comprendre est qu'avec le développement spirituel, tout ce que nous avons créé avec nos mains et à l'aide de la technologie, on doit apprendre à le reproduire avec une seule puissance de nos pensées. Par conséquent, une personne n'aura plus besoin de technologie. C'est-à-dire, on doit apprendre à perfectionner sa vie, son environnement, à communiquer aux autres civilisations du Cosmos avec le seul pouvoir de la pensée. La technique conduit le développement humain vers l'impasse, car on transfère les affaires aux mécanismes.

    Si on confie tout à quelqu'un ou à quelque chose, cela conduira finalement à une dégradation complète de l'esprit. Tandis qu'**un développement intégral dans un sens spirituel contribuera à la construction des qualités automatiques dans les cellules de la matrice, ce qui, à son tour, contribuera à l'augmentation de la puissance de l'Esprit de l'homme et de ses capacités,** car toutes les capacités paranormales sont construites sur des énergies élevées qui accélèrent les processus de la progression de la personnalité. Tant que l'habitat existe, chaque personnalité qui y vit devra maîtriser de diverses professions et connaissances pour le maintenir au cours de l'existence normale des âmes qui s'y développent. Par conséquent, la maîtrise de n'importe quel métier est utile pour chaque homme, ils l'enrichissent tous d'une certaine expérience de vie.

    La spiritualité n'implique pas des prières constantes, des louanges de Dieu et des requêtes constantes de quelque chose pour soi-même, mais contribue au transfert de l'homme du plan d'existence terrestre vers les mondes supérieurs de la Hiérarchie de Dieu à travers le développement de Nouveaux Concepts sur l'ordre mondial de notre

Univers et de ses mondes énergétiques.

Les connaissances matérielles contribuent à l'élévation de l'âme par un certain nombre de Niveaux et celles spirituelles permettent de passer dans la Hiérarchie de Dieu.

Esprit de l'âme et l'esprit de la personnalité

Lecteur. L'esprit de l'âme et l'esprit de la personnalité dans l'âme sont des choses différentes?

Réponse. L'homme contemporain accorde une grande attention aux concepts: l'esprit, l'intellect, la raison, la Raison supérieure, pourtant il relie tous ces concepts à la présence d'un cerveau. Beaucoup de gens pensent que quelqu'un qui a plus de matériel cérébral et un front plus haut devrait être plus intelligent, plus talentueux, plus intéressant. Pourtant, ils ne considèrent pas le concept de l'âme et sa participation à ces définitions, car ils ne comprennent pas comment quelque chose d'«aérien», d'apesanteur, d'immatériel peut influencer l'esprit.

L'esprit de l'âme et l'esprit de la personnalité sont différents dans leur manifestation. L'esprit de **l'âme s'accumule** à travers de nombreuses réincarnations, tandis que l'esprit de la personnalité a des caractéristiques plus banales et s'inscrit dans le cadre du programme actuel de l'homme. Il est généré sur la base de la découverte de ces cellules dans la matrice des Concepts qui sont capables de résoudre les situations de la vie contemporaine, en poursuivant le développement de ces cellules.

Certaines cellules des concepts dans chaque réincarnation sont bloquées pour la formation de l'esprit individuel de la personnalité, en réduisant ainsi la capacité de l'homme de penser en pleine maturité de ses capacités.

Ils (ces deux esprits) continueront à se développer de cette manière dans les vies ultérieures. C'est-à-dire que l'Esprit complet de l'âme est formé par parties à ce stade du développement humain, car le cerveau physique et un Niveau bas du développement humain ne leur permettent pas (à ces parties) de se perfectionner simultanément. C'est seulement pendant la transition vers la Hiérarchie de Dieu que toutes les cellules de l'âme seront ouvertes et la pensée passera à la forme matricielle du fonctionnement.

Seule la forme matricielle de la pensée est capable de développer des processus de pensée simultanément dans de différentes directions. Le cerveau physique ralentit la progression de l'intellect humain à ce stade.

Sur le mécanisme de l'augmentation de la fréquence

Lecteur. Comme il est écrit dans vos livres, les Déterminants envoient l'énergie d'un Niveau bas, traitée par Eux, à l'homme, et le dernier doit traiter cette énergie en lui attribuant un ordre plus élevé et la renvoyer à Eux. De là la question suivante se pose.

Pourquoi a-t-on besoin d'un mécanisme pour augmenter la fréquence de l'énergie envoyée pour le traitement? Puis-je vous demander de présenter ces informations plus en détail et, si ce n'est difficile, avec des exemples, des formules mathématiques de ces processus?

Réponse. On ne présente pas de formules à la demande, elles doivent être calculées par des mathématiciens à un certain moment, mais on expliquera la tendance générale de ce qui se passe.

Le mécanisme de l'augmentation de la fréquence est l'âme humaine elle-même, composée de 7 couches (pour la 5ème race). Selon le choix fait, l'âme élève les fréquences des énergies positives à la 7ième couche, tout en faisant passer ces énergies par les mécanismes du traitement de l'énergie. Tout ce processus crée la transformation des basses fréquences d'énergies en celles hautes. Mais en même temps, l'homme accomplit lui-même certaines actions: l'attraction des émotions fait fonctionner la couche astrale, les processus de la pensée met en fonction l'éenergocorps* mental, l'exécution de certaines actions fait fonctionner la couche causale, le travail pour Dieu et les Supérieurs contribue à l'attraction des énergocorps spirituels, etc.

Dans la sixième race suivante, le mécanisme de l'augmentation de la fréquence s'élèvera de deux nouvelles couches, et donc la fréquence de l'énergie traitée par l'âme humaine augmentera également de 2 plages.

En fonction de la qualité des actions effectuées par l'homme, il augmentera progressivement l'énergie qu'il produit, en faisant passer cette énergie par chaque couche subtile. Si peu d'actions sont effectuées, alors il ne passera l'énergie initiale qu'à la couche astrale ou mentale ..., mais peut-être à celle permanente aussi bien - tout dépend de la prise de conscience de ses actions.

Si son choix est négatif dans les actions effectuées, alors, en fonction de la gravité des actions effectuées, les fréquences diminueront dans une direction négative (par exemple, au lieu d'aider quelqu'un, il commence à le battre ou à le pousser avec un fouet).

Autrement dit, le mécanisme du traitement des énergies, capable d'augmenter ou de diminuer leur fréquence, se trouve dans l'âme elle-même, qui est capable d'augmenter ou de diminuer les fréquences des énergies en fonction de ses actions. Le schéma des transformations des énergies est donné dans le livre « Révélations du Cosmos ». On ne donne pas de calculs mathématiques, car l'homme a maîtrisé jusqu'à présent les calculs concernant uniquement le monde physique (même les quanta se réfèrent au monde matériel), et dans ce processus de transformation, ils sont associés à des énergies de fréquences et de gammes énergétiques différentes. Ce sont déjà des mathématiques surnaturelles, et pour les comprendre, une personne doit passer par le développement dans la sixième et la septième civilisation, il est donc trop tôt pour parler des formules. Dans les couches permanentes, les mathématiques d'un plan subtil fonctionnent, et elles ne sont pas connues à l'homme à ce Niveau* du développement de la 5ième race.

Quelle est le pourcentage de l'assimilation des Nouvelles Connaissances

Considérons ci-dessous en termes généraux comment la **matrice de l'âme*** génère certaines connaissances et comment se déroule le processus de transition des fragments des Nouvelles Informations vers la forme absolue d'une certaine connaissance.

Le pourcentage d'assimilation des Nouvelles Connaissances varie à de différents Niveaux et, en général, plus le Niveau est élevé, plus le pourcentage de nouveaux concepts acquis est élevé.

Adressons-nous à la question suivante – « Quelles sont les caractéristiques de l'assimilation des Nouvelles Connaissances? »

Il y est difficile de parler d'une valeur spécifique de la connaissance, car le développement de toute personnalité est toujours strictement individuel, il est donc toujours nécessaire de prendre en compte les caractéristiques individuelles des gens au lieu de parler d'une valeur statistique moyenne de l'assimilation d'un certain matériel par un individu.

Cependant, il existe certaines régularités dans le développement des âmes, on les cite ici:

1. Aux Niveaux bas du développement, les jeunes âmes n'acquièrent que des connaissances très simples, principalement liées à l'artisanat. Elles n'acquièrent presque pas d'autres connaissances. C'est-à-dire, certaines d'entre elles «bourrent», mémorisent des choses automatiquement, mais comme elles manquent d'une vraie compréhension du matériel, alors la matrice des Lois envoie ces «mémorisations» dans la couche temporaire, qui est par la suite supprimée, et donc rien ne reste dans l'âme de l'homme.

Cependant, si le maître donne des leçons individuelles, en expliquant le sujet pendant une longue période, il parvient à obtenir une compréhension de l'élève, mais pas plus de 5%. Cependant, même un pourcentage aussi faible de connaissances correctes, déposées dans la couche mentale, permet déjà à l'homme de traduire cette couche subtile en une couche permanente. Cela prouve à quel point il est important de faire comprendre à l'élève un sujet.

2. Aux Niveaux bas et moyens du développement des âmes, le pourcentage de l'assimilation des connaissances dépend des qualités individuelles de la personnalité, de son désir d'apprendre de nouvelles choses, de la persévérance, de la volonté. Mais fondamentalement, le Niveau moyen des âmes n'assimile pas plus de 15% de nouvelles connaissances, bien que les unités individuelles soient capables d'augmenter le pourcentage de la compréhension à 20%.

3. Aux Niveaux supérieurs du développement des âmes, il existe des techniques spéciales qui augmentent le pourcentage de l'assimilation de l'information, et de plus, souvent, pour accélérer le développement des âmes, les Supérieurs introduisent des constructions spéciales dans la structure subtile qui aident à assimiler des Nouvelles Connaissances.

Pourtant, l'assimilation du nouveau a ses propres limites définies pour chaque race. Pour notre cinquième race, ces âmes élevées n'assimilaient pas plus de 30% des Nouvelles Connaissances qui leur étaient fournies.

Autrement dit, l'étude de nos informations ne doit pas être perçue comme la mémorisation des connaissances pures qui ne peuvent pas être appliquées dans la vie. Toutes les Nouvelles Connaissances, correctement assimilées par l'âme, développent la vision générale de la personnalité et l'aident à comprendre des choses plus complexes dans le futur. Le petit et le simple aident à comprendre le global et le complexe.

L'assimilation du nouveau dépend du degré de la compréhension des textes étudiés, et ce dernier est déjà une qualité que l'individu a développée dans ses incarnations passées. Si l'homme comprend correctement ce qu'il lit, c'est-à-dire il produit de hautes fréquences d'énergie, sur lesquelles de nouveaux concepts sont construits, alors tout ce qui est compris passe à 30% des couches temporaires dans la matrice du Subconscient à partir de ce qu'il a réalisé. Certaines connaissances correctes continuent de rester temporairement (pendant une période fixée par les Supérieurs) dans la couche mentale et la matrice de la Conscience. Dans la prochaine vie, elles sont testées.

Si l'information est mal comprise, déformée, alors l'homme produit des énergies qui ne restent que dans les couches temporaires et après la mort elles seront retirées, et rien n'entrera dans la matrice de la subconscience.

Chez certains individus, le pourcentage d'incompréhension peut atteindre 100%. Autrement dit, l'homme ne comprend guère dans cette information, il n'est pas prêt à la percevoir et doit accumuler d'autres concepts auxiliaires pendant plusieurs autres incarnations. Seulement après cela, il commencera à comprendre les informations qui lui ont été offertes il y a quelques réincarnations. La perception initiale et l'assimilation des Nouvelles Informations ne dépassent pas 5%. Puis dans la prochaine incarnation, la perception augmente à 10%. Mais cela s'applique aux jeunes âmes.

Cependant, la persévérance et la répétition du matériel lu plusieurs fois permettent d'augmenter le degré de l'assimilation de l'information, et donc la quantité de l'énergie transmise au subconscient peut augmenter jusqu'à 30%, et même plus dans certains cas. Mais personne n'atteint sa pleine compréhension avant que l'âme de l'individu n'atteigne le 70ième Niveau de la hiérarchie humaine.

Ensuite l'assimilation suit un rythme ascendant, l'homme peut recevoir, comme on dit, un aperçu et comprendre tout en un instant. Il aura une cellule complète de cette connaissance, c'est-à-dire sa connaissance deviendra absolue. Mais cela nécessite une préparation spéciale de la personnalité, alors que pendant un certain temps il a constamment accumulé des fragments de connaissance de cette orientation, mais ces fragments restaient dans ses couches temporaires jusqu'à un certain temps. Quand on retrouve la quantité requise de ces fragments, nécessaire pour compléter la construction d'une certaine qualité jusqu'à sa hiérarchie complète, alors grâce à l'aide du Déterminant, qui envoie une impulsion de la valeur requise, tous les fragments sont réunis en une seule qualité intégrale.

Chaque élément de connaissance avait son propre potentiel de niveau de cette connaissance, par conséquent, tous les fragments, sous l'influence de l'impulsion puissante du Déterminant, sont alignés selon la valeur de leurs énergopotentiels dans la cellule de la matrice requise, en recréant la qualité jusqu'à son état absolu qui correspond à la hiérarchie donnée de l'Homme.

Cependant, il faut se rappeler que certaines connaissances peuvent être finales pour une hiérarchie donnée et que leur Absolu est le dernier. Ainsi, par exemple, la capacité de dessiner la nature pour l'homme est portée ici, sur la Terre, à sa perfection et ne sera plus demandée, car aux Niveaux du développement plus élevés, l'homme utilisera des moyens plus parfaits pour représenter la nature environnante et le monde.

Pourtant, ses autres qualités peuvent continuer à s'améliorer. Par exemple, la qualité de la connaissance de la vie végétale sur Terre atteint son état absolu, mais elle peut se développer davantage, puisque la vie végétale se poursuit dans notre Univers sur d'autres planètes. Et il y aura d'autres conditions de l'existence et d'autres plantes. Autrement dit, ayant atteint 100% de la connaissance de la vie végétale sur Terre, cette connaissance humaine est capable de continuer à se développer pendant l'étude de la vie de notre Univers dans d'autres mondes.

Il y a beaucoup de connaissances sur Terre qui terminent leur construction ici, sur la planète, et ne se manifestent nulle part ailleurs. Par exemple, les connaissances sur l'eau, les formes de vie dans les mers et les océans, puisque l'eau est un état particulier de la matière physique, qui n'est pas disponible sur toutes les planètes. Dans notre Univers, il existe de nombreuses autres connaissances de ce type qui se réfèrent à des connaissances privées inhérentes uniquement à certains mondes individuels et qui ne se propagent pas davantage.

La structure des niveaux des mondes et le développement des niveaux de l'âme de l'homme indiquent que son assimilation de toute connaissance atteindra toujours un pourcentage strictement spécifique, qui sera déterminé dans sa valeur maximale par les Maîtres du Niveau du développement supérieur. Ce pourcentage de son assimilation des concepts sera spécifique à chaque Niveau. Par conséquent, il n'y a pas de sens de parler des pourcentages d'assimilation des connaissances par l'homme ou par une autre Substance.

En effet, parfois à certains Niveaux du développement, les Maîtres supérieurs introduisent artificiellement une accélération du développement de telles ou telles connaissances, et pour cela ils peuvent introduire des constructions supplémentaires spécialement définies dans la conception de la forme qui améliorent la capacité de la perception et de la cognition de l'environnement ainsi que des moyens de ls compréhension toute information.

Par exemple, nous avons rencontré des extraterrestres qui ont lu de gros livres humains en quelques minutes, ou plutôt lisaient des informations presque instantanément. Pour l'homme, il a fallu 2-3 mois pour lire et comprendre un tel livre. Mais les extraterrestres parlaient de leurs propres méthodes pour se familiariser avec les informations des autres. Le moment viendra où l'homme apprendra également ces méthodes.

Même maintenant, dans l'émission télévisée « Personnes étonnantes », on peut voir des orateurs qui peuvent compter très rapidement, en opérant de grands nombres grâce aux nouvelles techniques de comptage émergentes. On espère qu'il y aura de plus en plus de telles techniques. Cela accélérera considérablement la progression des âmes des gens et éliminera le retard dans le développement passé.

Ainsi, le développement humain a une certaine vitesse, correspondant à chaque Niveau spécifique de la hiérarchie de l'Homme. Mais l'essentiel dans le pourcentage de la connaissance de toute information est le désir de l'homme lui-même de connaître l'inconnu, et aussi les méthodes de la cognition, périodiquement données à l'humanité par les Maîtres Suprêmes, sont également importantes. Il faut rechercher la connaissance, et alors les Supérieurs* seront toujours heureux d'aider à accélérer la progression.

Que fait la matrice des Lois

Lecteur. Vous avez parlé du fonctionnement de la matrice du Temps et du développement de nouvelles propriétés dans les cellules de la matrice des qualités. Mais est-il possible d'apprendre quelque chose sur le fonctionnement de la matrice des Lois, parce que personne n'en a la moindre idée?

Réponse. La matrice des Lois est beaucoup plus âgée que l'homme lui-même. Si le dernier est juste au début de son développement sur Terre, alors la matrice des Lois a déjà passé au moins deux hiérarchies de son propre perfectionnement, et donc la plupart de ses qualités ont acquis de l'automatisme de l'action.

Par ailleurs, on voudrait souligner le modèle dicté par la matrice des Lois.

Toute activité frauduleuse de l'homme est depuis longtemps remarquée et réprimée par les lois de la société. Aux XXe et XXIe siècles, a part du détroussement des valeurs matérielles, celui des valeurs intellectuelles et spirituelles s'est également activement répandu. Par exemple, le plagiat est caractéristique non seulement de la littérature, mais aussi de l'art, ainsi que de la science, où les idées sont volées, et dans la musique - même des fragments des compositions musicales. Autrement dit, l'homme progresse dans des actes frauduleux.

Pourtant, toute cette appropriation frauduleuse se réfère aux activités extérieures des gens. Ils volent, en reçoivent de l'argent pour cela, se réjouissent et vivent, parfois même en acquérant la renommée et la dévotion dans un cercle étroit de personnes. Mais personne ne sait ce qui se passe dans leur âme. Alors que nous, on ne révélera qu'une petite partie de ce qui se passe dans l'âme d'un plagiaire et d'un voleur d'autres valeurs immatérielles. Rappelons-nous que dans son âme il existe une matrice des Lois, et l'âme est divisée en une partie positive et une partie négative. Comment fonctionnent-elles pendant la vie des voleurs et des fraudeurs?

On a écrit que la matrice des Lois aide à construire des cellules de la matrice de l'âme, et elles sont créées strictement sur sa base régulière. La matrice des Lois rejette les énergies défectueuses qui ne correspondent pas au programme de la personnalité dans des couches temporaires, qui sont éjectées après la mort de l'homme. Seules les énergies correspondant au programme réel du développement de la personnalité, qui sont envoyées strictement au Niveau correspondant sont permises dans les cellules de la matrice de l'âme. La matrice détermine automatiquement et immédiatement le Niveau des énergies entrantes et le Niveau des énergies reçues. Autrement dit, c'est ainsi que la matrice des Lois construit une hiérarchie de toute qualité au sein de la matrice des Qualités. Toutes les constructions dans les structures subtiles de l'âme humaine sont effectuées sur la base du fonctionnement exact et automatique de la matrice des Lois et autres matrices (matrice du Temps, matrice du Mot, Nombre, etc.).

De plus, la matrice des Lois différencie clairement les actions, les pensées, ainsi que les sentiments et les émotions de l'homme en ceux positifs et négatifs, clairs et sombres, de sorte que l'homme peut tromper n'importe qui des gens, mais pas sa propre âme et les Maîtres Suprêmes. Cela permet aux âmes défectueuses de ne pas passer dans l'évolution et dans la hiérarchie Divine.

Pour un individu positif, l'autonomie de la volonté donne la possibilité d'agir de manière relativement incontrôlable, permettant de la liberté dans certaines limites admises par les lois sociales et les fondements d'une société donnée. Le pourcentage maximum de la liberté de choix est de 30%, mais pour chaque individu il est choisi strictement individuellement, conformément à son programme personnel. Souvent l'homme succombe à cette astuce: sans penser à la qualité de son activité, il exploite le travail d'autrui, s'approprie les inventions, les idées des autres, etc. Pendant qu'il le fait, les énergies sombres négatives illégales se précipitent dans l'âme avec un courant qui, un jour après la mort, ne l'apportera pas en haut vers Dieu, mais en bas - vers le Diable. Ces énergies défectueuses remplissent les couches temporaires, qui ont été spécialement créées pour cela par les Supérieurs, afin que la saleté ne touche pas l'âme éternelle.

Dans les volumes mondiaux des planètes, de l'Univers, des Natures, il y a leurs propres matrices des Lois, qui sont beaucoup plus grandes en taille et plus élevées dans les Niveaux du développement, qui distinguent clairement les énergies, où elles doivent aller et où elles doivent s'arrêter. Par conséquent, cette matrice dirige certaines énergies et âmes vers le haut, et abaisse les autres âmes avec leurs énergies négatives vers le bas.

Pour passer dans la matrice de l'âme (et dans la Hiérarchie de Dieu)*, aucun livre épais rempli d'idées et de pensées d'autrui, de dogmes dépassés et d'immoralité ne sera suffisant, c'est le contenu de la matrice de l'âme des gens qui compte. Par conséquent, le proverbe dit correctement qu' «on n'entre pas au Paradis sur la bosse de quelqu'un d'autre», puisque la vie elle-même montre que «sur la bosse de quelqu'un d'autre, on ne peut qu'entrer à l'Enfer» et dans la hiérarchie du Diable. Par conséquent, ceux qui se sont assis sur le dos d'autres personnes, en volant leurs œuvres, leurs idées scientifiques, leurs valeurs spirituelles et les valeurs d'art, et n'ont fait aucunes accumulations personnelles dans leur matrice, descendront après la mort dans les couches de l'Enfer, et celui qui les portait sur son dos et qui travaillait deux fois plus, il montera vers le Haut, au Distributeur de Dieu et puis entrera au Paradis, où une existence agréable l'attend. Toutes ces distributions seront effectuées sur la base de ces constructions régulières que la matrice des Lois produit dans l'âme.

C'est la sagesse de notre Dieu le Créateur. Aucun individu indigne ne l'atteindra, aucun ne le trompera. Par conséquent, en essayant de tromper sa propre espèce, l'homme trompe tout d'abord soi-même et détruit son propre espoir d'entrer dans la Hiérarchie du Créateur.

En outre, la matrice des lois guide quels types d'énergies doivent être envoyés à la matrice du Temps, lesquels - à la matrice du Mot et du Nombre, et lesquels - à la matrice des Qualités, et trouve même précisément une cellule correspondante pour l'énergie générée. Grâce à la matrice des Lois, l'automatisme de toutes les qualités de l'âme est construit et il est également déterminé si l'homme a produit une énergie de bonne qualité dans la situation de vie qui lui est offerte ou s'il a fait un défaut qui doit être laissé dans un énergocorps temporaire qui doit être supprimé après la mort.

Ainsi, la matrice des Lois effectue un travail formidable, en contrôlant la construction correcte et éternelle de l'âme et en surveillant la corrélation de l'énergie nécessaire pour achever la construction de toute qualité, et l'énergie qui a déjà été produite par l'homme. Toutes ces déterminations se produisent rapidement, automatiquement.

Développement des matrices auxiliaires

Lecteur. Les matrices auxiliaires de l'âme sont des matrices des Lois, Qualités, Concepts, Temps, Mots, Conscience, Subconscience. Lorsqu'elles se réunissent avec la matrice de l'âme, sont-elles déjà familières avec les lois de l'Univers et les processus qui ont lieu dans le Cosmoorganisme? Est-il juste de penser que si elles ont passé un chemin évolutif plus long que la matrice de l'âme, elles ont plus d'informations énergétiques. En étudiant Votre Enseignement, découvrons-nous quelque chose de nouveau pour elles ou non?

Réponse. Bien sûr, de nombreuses matrices auxiliaires qui composent l'âme humaine sont évolutivement beaucoup plus élevées que la matrice de l'âme humaine elle-même et régissent donc ses processus du développement.

Toutes les matrices, réunies avec la matrice de l'âme humaine, sont familières avec absolument toutes les lois du développement des êtres dans le cosmoorganisme à partir d'un certain Niveau jusqu'à un autre. Les réalisations du dernier Niveau de leur hiérarchie leur permettent de conduire d'autres êtres dans leur développement strictement selon les lois du Cosmoorganisme donné et de l'Univers dans son ensemble.

Il existe une différence strictement définie entre le Niveau du développement des matrices auxiliaires et le Niveau de la matrice de l'âme d'une autre créature qu'elles contrôlent. Pour l'homme, cela est déterminé par un nombre spécifique de Hiérarchies. Lorsque l'homme est conduit sur le chemin de son perfectionnement, il (un individu)* ne découvre rien de nouveau pour les matrices des Lois ou du Temps, puisqu'elles ont déjà passé tout cela (ou quelque chose de pareil) il y a longtemps.

Pourtant, les matrices auxiliaires en gagnent également une nouvelle expérience grâce à la pratique de guider l'âme avec laquelle elles sont connectées. C'est dans cette pratique des relations de plusieurs matrices qu'elles gagnent quelque chose de nouveau pour elles-mêmes, en progressant sur cette base. Parce que son propre développement individuel est une chose, et une symbiose de la progression de plusieurs matrices à la fois est quelque chose d'autre. C'est une nouvelle expérience. Ainsi, les matrices auxiliaires acquièrent également beaucoup de nouvelles choses pour elles-mêmes dans leurs diverses combinaisons.

Types de mentalité chez les terrestres

1. Deux types de mentalité chez les terrestres.

Lecteur. J'ai une question sur la mentalité humaine. D'après vos informations, on sait que les individus positifs ont une pensée figurative et ceux négatifs - numérique. Cela s'applique-t-il à toutes les personnes sur la Terre? Ou est-ce que toutes les personnes, positives et négatives, ont une pensée figurative sur la Terre?

Notre science n'a jamais parlé de division de la mentalité. C'est la première fois que j'en entends parler, et c'est incroyable pour moi. Pourquoi une telle division s'est-elle produite? Après tout, extérieurement, tout le monde se ressemble.

Réponse. Notre science ne parle pas de beaucoup de choses, car elle ne veut toujours pas reconnaître que l'homme a une structure subtile, et par conséquent, au cours de sa vie, l'homme a une structure dans le monde terrestre et une autre - après sa mort (de plus, il faut se rappeler du nettoyage des cellules dans le Purgatoire, qui change également l'essence intérieure de la personnalité)*, et cela, naturellement, affecte son caractère, les qualités générales de l'âme et son comportement ultérieur. C'est-à-dire que dans la vie suivante, l'homme se comportera initialement de façon différente par rapport à ce comment il s'est comporté dans l'incarnation précédente.

Mais pour répondre à votre question, disons que pour les gens de la 5ième race, il n'y a que deux types de pensée: symbolique et numérique, qui divise les gens en ceux positifs (peuple de Dieu) et négatifs (peuple du Diable).

2. Gestion de la pensée.

Lecteur. Récemment, j'ai commencé à pratiquer une méthode de pensée, qui est donnée par certains enseignements de nature ésotérique. À l'église, j'ai mentalement imaginé (visualisé) comment les énergies divines imprègnent tout mon corps physique, restaurent toutes les cellules endommagées au niveau moléculaire et génétique, nettoient tout mon système de chakra, mes couches subtiles et mon âme. J'ai imaginé que je respire le Saint-Esprit. Et alors ... je ne peux pas affirmer qu'il y ait une relation causale à cent pour cent, mais en fait, ma santé s'est un peu améliorée. Plus précisément, l'état de mon tractus gastro-intestinal. Et maintenant ma question à travers le prisme de votre Enseignement: quand je médite comme ça à l'église, alors avec l'aide d'énergopotentiel de mes pensées sur la respiration du Saint-Esprit, est-ce que je commence à contrôler les énergies qui descendent vers moi du Monde Subtil? Alors plus la puissance d'énergopotentiel de ces énergies libérées est grande, plus je contrôle les énergies de haute fréquence?

Réponse. Oui, de tels exercices de yoga sont utilisés depuis longtemps par les gens dans leur pratique pour guérir leurs divers organes et restaurer leur propre corps. Plus l'énergopotentiel de l'âme est grand, plus d'énergies elle est capable de contrôler. Et en même temps, l'homme apprend à gérer le travail de ses pensées.

Le travail de la pensée humaine est décrit dans le livre « Révélations du Cosmos » Chapitre 6 (série « Au-delà de l'inconnu ») et dans le livre « Développement de la pensée » (de la série

« Encyclopédie de la nouvelle ère »). Il est impossible de comprendre beaucoup de choses sans lire ces livres. Il est préférable de lire attentivement les nouvelles informations, et alors beaucoup de choses deviendront claires.

3. Sur la pureté de la pensée.

Lecteur. Les pensées qui ne sont pas soutenues par les émotions sont-elles plus pures en termes d'énergies, ou vice versa?

Réponse. La pureté des pensées n'est pas tant influencée par les émotions que par le sens que l'homme y introduit. La pensée d'un intrigant, qui dresse des embûches à un autre sans émotion, pourrait-elle être pure?

Les pensées seront pures si elles contiennent des concepts corrects sur les mondes Supérieurs et les Substances*, ainsi que les concepts de bonté, de miséricorde et d'autres choses visant à aider les autres. Par conséquent, on vous dirige vers l'étude des textes originaux sur les Nouveaux Concepts, afin que vous puissiez immédiatement apprendre à former des concepts corrects sans y ajouter quelque chose de faux.

Autrement dit, la pureté des pensées est, bien sûr, influencée par les émotions (avidité, intérêt personnel, haine, qui leur donnent des nuances sombres) et par le mélange de certains concepts avec d'autres. Les qualités positives de miséricorde, de gentillesse, d'honnêteté ne forment qu'une pensée pure. Tandis que la qualité de l'amour forme à la fois des pensées pures et des pensées sales. Ainsi, les qualités et les émotions donnent des couleurs différentes à la pensée humaine.

Corrélation entre la puissance de pensée et l'énergie psychique

Lecteur. Y a-t-il une relation ou une interdépendance entre la puissance de pensée et l'énergie psychique?

Réponse. Il y en a une dépendance énergopotentielle, c'est-à-dire que plus l'énergopotentiel de la couche mentale de l'homme est grand, plus ses pensées auront de pouvoir. Une telle personne sera toujours plus convaincante dans son discours et plus de gens le suivront.

L'énergie psychique est la totalité de l'énergie que l'individu a accumulée dans ses matrices des Concepts, des Qualités, de la Conscience et de la Subconscience pendant toutes ses incarnations précédentes. Il est clair que plus leur énergopotentiel commun est grand, plus la puissance de pensée de cette personne est grande, plus de preuves il pourra évoquer en faveur de telle ou telle question.

Et puisque le plus grand énergopotentiel* de l'âme a également la capacité de subjuguer les âmes avec des énergopotentiels inférieurs, plus de jeunes âmes avec un énergopotentiel faible croiront une telle personne. Par conséquent, on peut dire avec confiance qu'il existe une relation proportionnelle directe entre la puissance de l'énergie psychique de l'individu et sa puissance de pensée. Par exemple, les hypnotiseurs utilisent cette addiction, ils subjuguent la volonté d'un homme ayant à un énergopotentiel faible et le forcent à exécuter n'importe quel de leurs ordres, même drôles et ridicules, sans se douter du tout que de cette manière ils démontrent l'avantage des gens à un énergopotentiel élevé de l'âme par rapport à un homme à un énergopotentiel faible.

Appareils pour mesurer la puissance de pensée

Lecteur. Dans la future 6ième race, y aura-t-il des appareils pour refléter les pensées d'un homme de façon volumétrique, indiquer la puissance de pensée des gens?

Réponse. La 6ième race n'aura pas besoin de tels appareils, car leurs propres capacités paranormales leur offriront une telle opportunité en vision naturelle. Mais même dans notre cinquième race*, l'homme est déjà capable de se déterminer chez qui la puissance de pensée a plus de pouvoir, chez qui – moins de pouvoir.

Si on prend, par exemple, le chef d'une entreprise ou même d'un département. Après tout, ils occupent des postes de gestion pour une raison: dans une conversation avec eux, on voit tout de suite l'étendue de leurs connaissances sur les activités, souvent on découvre de tels détails des concepts de production qu'il devient clair que cet homme remplit bien ses fonctions de leader et est capable de voir les perspectives de son travail. Autrement dit, même une simple conversation avec un homme révèle sa compétence, sa vision large et son professionnalisme.

Tout gérant a déjà une plus grande puissance de pensée que son subordonné. Cela permet aux subordonnés d'exécuter rapidement tous ses missions. La puissance de pensée est donc d'une grande importance lorsque l'on travaille en équipe. Une telle pensée contient à la fois un plus grand potentiel pour les connaissances nécessaires ainsi qu'une grande puissance, qui oblige le subordonné à suivre immédiatement les ordres de ses supérieurs.

Ainsi, chaque personnalité en développement devrait développer la puissance de pensée, et ce n'est pas difficile à faire: il suffit d'étudier attentivement toutes les connaissances, en assimilant correctement tous les Nouveaux Concepts. Par conséquent, un jour, l'assimilation des connaissances deviendra une nouvelle qualité dans l'âme de l'homme – la puissance de pensée s'y manifestera.

Ou se trouve l'encodeur

Lecteur. Je vous demande pardon, mais dans vos livres, j'ai manqué les points suivants: où se trouve l'encodeur du plan physique chez l'homme et sur quelle couche le programme de sa vie est-il écrit?

Réponse. Les processus de réflexion et de transfert des informations de l'homme vers un autre au cours de leur communication sont complexes. Ce n'est pas seulement une couche mentale et le cerveau physique qui y sont impliqués. Rappelons que les processus de la pensée impliquent un cercle d'impulsion et une couche de cause à effet, à savoir celle causale. Si au moins un de ces liens devient indisponible, la communication est interrompue. Certains extraterrestres peuvent également avoir des encodeurs.

L'encodeur du plan physique, qui aide l'homme à comprendre la langue de son peuple et les autres langues, ainsi que le programme de la vie, se trouvent sur la couche causale. Il est étroitement lié au cerveau humain physique, comme le cercle d'impulsion. Par conséquent, on ne peut pas parler de quelque place particulière de l'encodeur. C'est une structure à plusieurs niveaux qui fonctionne sur plusieurs plans à la fois.

En outre, le Niveau du développement humain affecte également sa structure.

En fonction du Niveau du développement de la personnalité, l'encodeur peut également travailler sur plusieurs Niveaux de l'individu lui-même, une telle personne sera très développée et pourra communiquer avec de nombreuses personnes qui parlent des langues différentes. Ces individus comprennent, par exemple, des officiers de renseignement, des diplomates, etc., comme des enseignants terrestres.

Vie de la psychoforme

Lecteur. Si chaque pensée (psychoforme) est une entité vivante, alors elle est probablement spiritualisée. L'homme génère des pensées à l'aide de son activité mentale. Mais comment deviennent-elles spiritualisées? Après tout, seul Dieu et Ses plus proches Assistants connaissent le secret de la spiritualisation. Alors qu'ici un homme a pensé et a spiritualisé sa propre pensée lui-même? Ou ai-je mal compris quelque chose, et la pensée n'est pas une forme spiritualisée, mais tout simplement une impulsion énergétique constituée d'énergies du plan mental?

Et la deuxième question. La nuit du Baptême du Christ est-elle l'un des meilleurs moments pour établir le contact avec le Déterminant?

Réponse. La pensée ne peut pas être perçue comme une entité vivante indépendante. La psychoforme* est un dérivé de la pensée humaine.

Elle n'est pas spiritualisée et ne peut donc pas exister éternellement. Elle reçoit tout simplement une certaine charge et une certaine impulsion des processus d'activité mentale de l'homme lui-même, et c'est grâce à cette charge qu'elle existe indépendamment pendant un certain temps. Plus le Niveau du développement d'un individu est bas, moins il transfère de charge à sa psychoforme et plus vite elle se dissout, fond comme une brume.

Le but du développement humain sur la Terre est d'apprendre à contrôler ses pensées jusqu'à ce qu'on devienne capable de créer avec la puissance de pensée, sans recourir à l'usage des mains et des pieds. **C'est le plan pour se développer la capacité de penser par une matrice sans utiliser le cerveau physique.** Pour cela, l'homme doit accumuler beaucoup de connaissances correctes dans sa matrice personnelle.

Si on explique en termes crus comment fonctionne la puissance de pensée, considérons l'exemple suivant. Pour construire une maison à l'aide de la puissance de pensée, il faut avoir des connaissances profondes sur les matériaux des murs à ériger, il faut y avoir une clarté dans les pensées sur quel matériau se fixe plus fermement et par quelle solution (une proportion exacte des matériaux: sable, ciment, argile, eau comme des composants). Autrement dit, le remplissage absolu des cellules de la matrice est nécessaire pour qu'elles puissent agir automatiquement elles-mêmes, lorsque le propriétaire de la matrice leur fixe un objectif - construire un mur de brique rouge et de mortier de ciment M-100 (Marque 100), cette marque détermine déjà une certaine solidité de la connexion des éléments constitutifs du mur.

Lorsque l'homme conçoit une marque d'une solution, alors une cellule absolument remplie de sa matrice commence à fonctionner indépendamment en conjonction avec ces cellules qui contrôlent les actions nécessaires de l'homme en combinaison avec la disponibilité des outils à sa disposition. Dans ce cas, les travaux seront effectués à distance de la personne. Par conséquent, cet individu a besoin d'accumuler l'expérience d'un constructeur, d'un ingénieur, d'un concepteur, etc. pendant plusieurs vies, et en même temps l'expérience des communications d'ingénierie accompagnant ce projet, sans lesquelles la maison ne sera pas une structure achevée.

(Ce principe a été bien remarqué même dans le dessin animé russe « Vovka dans le royaume lointain », où trois Vasilises ont expliqué au garçon paresseux Vovka comment construire une cabane par magie: « Nous allons maintenant calculer comment l'eau coule des tuyaux... » En réalité, rien ne se produit tout simplement, mais est arrangé de manière complexe, et les miracles ou les superpuissances ne peuvent venir de nulle part, mais s'accumulent à partir de l'expérience laborieuse de l'âme pendant plusieurs siècles.)*

Ainsi, pour que la puissance de pensée fonctionne, les cellules de la matrice des Concepts et Qualités doivent être absolument remplies de connaissances exactes et correctes. Par exemple, à ce stade du développement, comme la vie l'a montré, un homme ivre qui ne sait pas vingt mots, peut en même temps conduire sa voiture automatiquement, sans violation, pendant plusieurs kilomètres jusqu'à sa maison et seulement après cela entrer dans le coaltar, ouvrir sa portière, tomber de la voiture et s'endormir sur le sol. C'est-à-dire qu'au fil des années de sa pratique de la conduite, cette personne a complètement rempli la cellule de la matrice avec les connaissances nécessaires sur la conduite de sa voiture, à la suite de quoi la qualité a commencé à agir automatiquement de manière indépendante.

Si l'homme accumule plusieurs de ces compétences automatiques professionnelles pendant chaque réincarnation*, il apprendra rapidement à maîtriser la puissance de pensée.

Quant à la **réponse à la deuxième question**, disons le suivant. À chaque douze (12 principales fêtes de l'église chrétienne), c'est-à-dire à chacune des 12 principales fêtes chrétiennes, ce sera plus facile à l'homme d'établir un contact avec son Maître Céleste, car pendant ces vacances une énergie puissante descend sur la Terre, les canaux du Haut sont ouverts. Et étant nourrie par une nouvelle énergie puissante, la pensée humaine atteint facilement les hauteurs du séjour du Déterminant et est entendue par lui.

Pensée par le Déterminant

Lecteur. Au début de mon activité professionnelle, je travaillais en utilisant ma force physique et je rêvais qu'un jour notre civilisation avancerait de telle manière qu'on n'aurait plus besoin de force. Alors on travaillera en utilisant uniquement des appareils techniques tels que ceux exploités par les extraterrestres. Avec ça, je me suis laissé emporter par le sujet des technologies extraterrestres, mais en fait*, je n'avance qu'à petits pas, car il y a beaucoup de paresse en moi. Mais voici ma question. Si moi, par exemple, ou une autre personne découvre quelque chose d'important ou fait une percée, pour laquelle l'humanité n'est pas encore prête, a-t-elle le droit de la démontrer et de la montrer au monde entier? Est-ce que je comprends bien, que si les pensées viennent du Déterminant* et l'homme avance grâce à elles, alors l'humanité est prête et il est possible de démontrer ses inventions?

Réponse. Toute découverte est toujours donnée à l'humanité à un moment où une couche séparée de personnes est déjà capable de la comprendre et de l'accepter. C'est ainsi que les gens sont testés et en même temps de nouveaux objectifs sont fixés devant eux, en les dirigeant vers un niveau du développement plus élevé. Mais il ne faut pas oublier que les grandes découvertes n'ont jamais été acceptées immédiatement. Elles doivent endurer une lutte acharnée avec les conservateurs, les dogmes et les individus négatifs, dont le but est de supprimer toutes les innovations.

C'est pourquoi la plupart des découvertes restent sous forme de résumés et attendent une autre fois (leur temps) et celui qui pourra néanmoins percer cet épais mur de bureaucratie et les pousser vers la lumière. Cependant, parfois même les découvertes ne sont données que pour que telle ou telle personne traverse toutes ces situations de lutte pour son propre développement, pour que les qualités de cette lutte se développent dans sa matrice. Et la découverte elle-même soit devient acceptée par le système général et trouve son incarnation dans la réalité, soit n'est pas acceptée, reste incompréhensible et attend dans les coulisses, ou ne se réalise jamais et disparaît à jamais dans l'agitation de la vie.

Transformation de l'âme positive vers celle négative et vice versa

Lecteur. Quelles sont vos recommandations pour transformer les qualités de l'âme à structure négative à la lumière de la Nouvelle Connaissance. Ou peut-être l'approche universelle n'a-t-elle pas changé depuis l'antiquité? Par exemple, Saint Isaac le Syrien a suggéré le suivant sur la base de son expérience personnelle: jeûner, se rassembler par la prière, lire les Saintes Écritures et méditer sur le Divin. Pourtant, je voudrais obtenir une réponse plus accessible à notre compréhension. Beaucoup de gens ont déjà suffisamment étudié votre Connaissance et je pense qu'ils peuvent comprendre.

Réponse. On a déjà écrit à ce sujet, mais les gens posent toujours les mêmes questions, car ils n'ont même pas le temps de consulter notre site et d'y chercher la réponse. Tout le monde aime recevoir des réponses spécifiques, comme on dit, par la bouche à oreille. En se référant au vieux dicton sage selon lequel «la répétition est la mère de la science», on continue à répéter les réponses déjà données à des questions. Tout lecteur, qui se souvient qu'il y a déjà eu une telle réponse, doit être félicité. Le souvenir témoigne que cette personne était très attentive à nos informations et les a bien apprises, ce qui mérite des louanges. Mais si le lecteur voit que cette réponse est nouvelle pour lui, alors, par conséquent, il devrait renforcer l'étude de nos informations, dans lesquelles il continuera à découvrir beaucoup de choses nouvelles et intéressantes pour lui-même.

Alors maintenant la réponse à la question donnée. Bien sûr, beaucoup de gens qui ont tout à coup réalisé qu'ils ont accumulé dans leur âme beaucoup d'énergies négatives qui peuvent les enchaîner à jamais vers le système négatif, veulent «se corriger» avant que ce dernier ne se produise encore, mais ne savent pas comment se changer.

Un excellent mécanisme pour transformer une âme négative en celle positive pour une personne est d'accomplir toujours de bonnes actions, suivre les normes morales et jeûner périodiquement pour se nettoyer.

Les contemporains proposent maintenant de diverses bonnes actions, telles que le bénévolat, l'aide aux personnes âgées, dont nous avons parlé ci-dessus. Les bonnes actions contribuent à un bon courant d'énergies positives dans l'âme. Avec cela, on n'a pas vraiment besoin de risquer la vie, c'est juste d'apporter de la nourriture à la personne âgée du magasin, l'aider à faire quelque chose dans la maison. La situation sera beaucoup plus difficile et compliquée lorsqu'on doit sauver une personne qui se noie ou protéger quelqu'un des bandits. C'est déjà un risque, un danger. Mais il faut dire qu'à partir d'un tel risque, une énergie d'un très haut Niveau entre dans l'âme. Autrement dit, on peut accumuler de l'énergie par petites portions, sans risque, mais celle d'un Niveau pas très élevé, ou on peut en acquérir d'un Niveau élevé et avec des risques. Par conséquent, les bonnes actions de complexité différentes peuvent remplir l'âme par les énergies de différentes fréquences: basse, moyenne et élevée. On aide le petit frère ou sœur à faire ses devoirs pour l'école (mais pas les faire au lieu de lui or elle), et on voit de nouveau une partie d'énergie positive entrer dans l'âme. On peut faire un nombre incroyable de bonnes actions autour de soi, s'il y a un désir.

Les bonnes actions, l'aide aux autres augmentent activement la partie positive de l'âme, et lorsque par ces actions, elle dépasse au moins 2 fois la partie négative, alors une personne sera transformée de celle mauvaise, négative en bonne et décente. Même pendant une seule vie, on peut parfois observer à quel point les adolescents difficiles deviennent des personnes justes et décentes dans la vieillesse. Autrement dit, la solution correcte par eux de leurs situations de vie dans le sens de la gentillesse et de l'amour envers les gens a contribué à leur transformation en personnalités positives.

Changement de la charge dans deux parties de l'âme

Lecteur. La loi de la trinité de l'âme dit que les parties positives et négatives de l'âme sont capables de changer leur signe en celui opposé au cours du développement. Je me demande comment cela se produit et pourquoi?

Réponse. On a déjà répondu à cette question ci-dessus dans la partie « Transformation de l'âme positive vers celle négative et vice versa » Pourtant, ajoutons le suivant.

Même un développement positif dans la hiérarchie de Dieu permet périodiquement le changement de la charge de l'âme vers le signe opposé. Cela est dû au fait qu'aux Niveaux du développement élevés, il y a des «sciences» soi-disant qui étudient les processus et les énergies négatives. Naturellement, leur étude attentive conduit les âmes elles-mêmes à l'accumulation d'un grand nombre d'énergies négatives, mais légères, puisque l'étude des sciences contribue toujours à l'accumulation d'un type négatif d'énergies claires. Par conséquent, une telle âme est automatiquement rechargée, si on peut le dire, et devient négative d'une certaine façon.

Pourtant, comme elle est dans le Système de Dieu, son comportement sera toujours différent de celui des individus négatifs du Diable. De telles différences sont associées à l'énergie initiale que les individus ont accumulée alors qu'ils étaient encore sur la Terre jusqu'au moment de leur division en Systèmes, quand ils accumulaient les énergies en participant aux processus de moralité. Ces accumulations qualitatives affectent par la suite tous les autres comportements de la Substance, cependant, elles les affectent seulement jusqu'à un certain Niveau. Et après cela, d'autres lois commencent à fonctionner, en dictant des normes de comportement, compte tenu de la préservation de la vie et de son courant éternel. Cela montre combien il est important pour les Maîtres terrestres, et en fait pour tous les leaders positifs, de s'engager dans l'éducation morale de leurs élèves et subordonnés. Cela influencera finalement tout leur destin évolutif.

DÉGRADATION COMME LE MAL

Lecteur. Quelle est la différence entre la dégradation de l'homme et le développement dans une direction négative?

Réponse. L'âme humaine se dirige constamment dans son mouvement soit vers le progrès, soit vers la régression, mais l'homme lui-même ne pense jamais où il va et où il va aboutir. Par conséquent, il est très important de comprendre la question que vous avez posée.

Si l'homme veut suivre la direction positive, la régression pour lui est une dégradation. Et la **dégradation est une perte par l'homme d'énergie positive accumulée pendant les incarnations passées***. Selon les lois de la relation de cause à effet, un tel individu est dirigé vers la réincarnation, de sorte que dans des situations répétitives, il gagne les énergies qu'il a perdues dans le passé.

Les lois du karma* le forcent à compenser ses pertes, et elles (les lois) le dirigent constamment vers une voie positive, celle du bien. Il y a donc une longue lutte pour l'âme d'une personne, c'est-à-dire elle se dirige dans la direction négative et on essaie constamment de la ramener vers la voie positive du développement.

La régression pour elle est une dégradation, et par conséquent, une telle personne commence à perdre les énergies précédemment accumulées et l'énergopotentiel de l'âme commence à diminuer. Pourtant, la dégradation est un phénomène temporaire, l'individu s'efforce d'aller vers Dieu, par conséquent, sous l'influence de mesures éducatives et de mesures de punition, il se corrige et commence à suivre régulièrement un chemin positif, et pour ne pas faire d'erreurs, il demande les autres et est prêt à utiliser leur aide. C'est-à-dire que grâce à un désir intérieur de rester une personne positive, il utilise l'aide des amis plus âgés, ce qui lui permet de rester longtemps sur une voie positive. Dans ce cas, il n'y a plus de perte d'énergies positives, mais une accumulation systématique de celles-ci, quoique par petites portions.

La principale chose à comprendre ici est que la dégradation d'une telle personne est temporaire, grâce aux efforts communs, elle se termine et le progrès commence. Dans le même temps, l'énergopotentiel général de la personnalité augmente, elle est enrichie par l'expérience de la lutte contre la dégradation elle-même, sa conscience grandit, et cela l'aide à ne pas faire d'erreurs, par conséquent, elle devient plus prudente et ne tombe plus dans les pièges préparés par l'Hiérarque négatif.

Avec un ferme désir d'entrer dans la Hiérarchie de Dieu, une personne commence à lutter par elle-même contre la perte de ses accumulations positives. La perte de toute énergie pour elle, accompagnée d'échecs et d'erreurs, devient une dégradation, alors elle commence à lutter constamment pour leur accumulation. La personnalité commence à comprendre les nuances de son propre perfectionnement et sa progression s'accélère.

Par exemple, elle commence à comprendre que même l'accumulation d'énergies négatives du professionnalisme, d'énergies issues des victoires sportives, de la maîtrise des actions mécaniques pour la victoire de la communauté à laquelle elle appartient, sera un progrès pour elle. Ainsi, lorsqu'un joueur de football marque un but supplémentaire pour son équipe, c'est leur victoire commune. L'âme du footballeur s'illumine de fierté pour son équipe, sur la base de cette victoire, une autre qualité commence à se former: celle du patriotisme.

L'essentiel pour une telle personne est de ne pas perdre ce qui a été acquis pendant longtemps. Autrement dit, l'individu lutte pendant un certain temps pour la préservation des qualités acquises plus tôt. A propos, une telle lutte contribue au développement de nouvelles qualités telles que la capacité de préserver ce qu'on a; défendre les positions déjà établies, tout cela développe la qualité de la stabilité et la volonté. Autrement dit, en défendant l'ancien, accumulé pendant les incarnations précédentes, l'âme progresse dans l'acquisition de nouvelles qualités positives.

Ainsi, pour le peuple de Dieu, la dégradation est une perte temporaire et partielle de toute énergie positive; supposons que l'homme oublie comment jouer de l'accordéon, oublie comment construire un bâtiment s'il n'utilise pas cette qualité pendant longtemps. Ce sera une perte de qualités positives, qui sera une dégradation pour lui.

Par exemple, souvent les alcooliques, emportés par l'alcool, perdent généralement toutes leurs compétences professionnelles entre 50 et 60 ans, et certains ne peuvent même pas parler clairement, car ils ont détruit par leurs jurons toutes les règles acquises du discours familier pendant de nombreuses années de leur vie. Chez ces personnes, le plus souvent, il y a une dégradation complète de la personnalité, elles reviennent à l'état animal.

Pourtant, il faut ajouter que pour un homme de Dieu la perte de certaines qualités négatives associées aux professions, au travail sera aussi une dégradation. Après tout, au-dessus du Niveau du développement moyen, il existe de nombreuses qualités qu'un individu acquiert à l'aide d'énergies négatives. Prenons, par exemple, les mathématiques supérieures, la physique, la chimie, l'astrologie, certaines sciences économiques, la construction et d'autres sciences, elles sont toutes associées à l'entrée d'énergies négatives dans la matrice de l'âme humaine.

Pourtant, ces qualités enrichissent un individu positif de nouvelles qualités utiles, nécessaires à la fois pour lui-même et pour la société. Mais plus important, **la valeur scalaire totale d'énergopotentiel de l'âme augmente constamment à leur aide, la vision du monde devient de plus en plus profonde, parce que la base de connaissances générales de l'individu augmente**. Il est clair que grâce au développement de tels processus négatifs, l'âme humaine est enrichie de nouvelles qualités et capacités, donc elles contribuent toutes à la progression de l'âme de l'individu.

59

Par conséquent, un individu positif peut progresser pendant un certain temps grâce à l'apprentissage de nouvelles choses, la maîtrise des processus négatifs, par conséquent, il ne faut pas refuser de les maîtriser uniquement parce qu'ils sont liés aux énergies négatives. Autrement dit, il s'agit ici de telles subtilités dans le développement de l'homme qui peuvent le confondre complètement ou le forcer à abandonner l'apprentissage du négatif. Par exemple, si les mathématiques ou la physique sont associées à l'accumulation d'énergies négatives par l'âme, alors la personne refuse de les connaître. Cela ne devrait pas être ainsi, car ces sciences ont une énorme quantité de connaissances fondamentales et contribuent au progrès de l'âme non pas par des processus bas (par exemple, les victoires des boxeurs ou des tireurs dans le sport), mais aident une personnalité à progresser à un Niveau supérieur, en accumulant des riches connaissances du plan général du développement.

Alors que la progression par des processus et des actions bas, ce sont, par exemple, de nombreuses victoires des lutteurs augmentant leur catégorie de poids, victoires sur les autres à tout prix.

Il y a de nombreuses nuances cachées dans le développement, il y faut faire appel à la bonne compréhension de ces processus. Ce qui apporte du bénéfice et de la prospérité aux gens et à toute la communauté, quelles que soient les énergies à partir desquelles la qualité est construite: celles positives ou négatives, doit être acquise par l'âme. De plus, ces qualités doivent être perfectionnées, c'est-à-dire il faut construire des hiérarchies complètes de ces qualités dans les cellules de leurs matrices, en les portant à l'automatisme de l'action. Elles contribuent toutes au progrès d'une personnalité. Les gens de Dieu ont tous les droits d'acquérir les qualités qui sont utiles pour eux-mêmes et pour la société, quelles que soient les énergies, celles positives ou négatives, qui construisent leurs mécanismes. L'essentiel est qu'elles contribuent à la progression d'une personnalité et de la société elle-même.

Pourtant, certains individus sont à un stade du développement où leur conscience cesse de succomber à la dégradation. Autrement dit, le processus de la dégradation se termine chez eux, après avoir atteint la perte maximale possible d'énergies positives, après quoi l'âme, ne perdant déjà rien, commence à accumuler des qualités opposées aux qualités d'une personnalité positive, par exemple, la qualité de l'économie excessive, la qualité de la discipline la plus stricte, la qualité de la soumission la plus stricte à la direction des autres et de vous-même, etc.

Mais une personnalité appartenant à Dieu se diffère d'une personnalité négative juste par ses qualités, car les énergies acquises dans l'âme commencent à contrôler ses actions de manière purement automatique, c'est-à-dire que dans toute situation, elle fera toujours le choix en faveur de ses actions, objectifs, plans et sentiments positifs. Et pour cette raison, la progression ne se produit que dans une direction positive. Autrement dit, un tel automatisme d'un choix positif permet à l'âme de progresser activement dans la direction de Dieu et, de ce fait, un processus du développement accéléré est créé.

Le développement de l'âme dans une direction négative signifie que l'individu accumule des énergies négatives dans la matrice de l'âme de l'incarnation à l'incarnation, et cela commence aux Niveaux bas du perfectionnement dans la hiérarchie de l'Homme et continue à ses Niveaux moyens et élevés et au-delà. Ce n'est pas par hasard que la loi fondamentale du Diable s'appelle «La loi du perfectionnement dans la relativité de la définition du mal». Autrement dit, dans tout ce que font les individus de l'Hiérarque négatif, ils apportent du mal, de la destruction. Ils n'aiment pas faire du bien, mais ils aiment apporter du mal aux autres et leur faire du mal en tout, même les empêcher de faire du bien pour les autres. Le développement de toute qualité positive devient pour eux une dégradation. Mais puisque le Diable soumet ses individus au développement selon des programmes rigides qui ne leur donnent pas le droit de choisir, alors Il arrête de telles tendances rapidement ou les utilise à nouveau à ses propres fins négatives. Si on prend deux mathématiciens ou physiciens progressant dans ces disciplines, alors on peut distinguer le positif du négatif par des traits de caractère, par des actions individuelles.

Par exemple, un spécialiste positif sera toujours heureux d'aider un autre dans l'étude de sa science, et un négatif répétera qu'il n'a pas le temps d'expliquer quelque chose à un jeune spécialiste, ou prétendra qu'il ne comprend pas ce qu'on veut de lui. Ce dernier ne partagera jamais ses idées avec les autres, car il est égoïste. Et encore une chose: le négatif réprimandera toujours les actes et les œuvres du positif, essayera de l'humilier. C'est à ces personnes que les jeunes spécialistes qui commencent à progresser ne doivent pas prêter attention, mais ayant choisi la voie, la suivre et apprendre à comprendre non seulement les sciences elles-mêmes, mais aussi les personnes qui les entourent.

Niveaux du développement contemporains

L'humanité doit passer par 100 Niveaux du développement sur la Terre, qui composent la hiérarchie de l'Homme (parfois on l'appelle la hiérarchie Terrestre). Pourtant un homme contemporain n'est pas capable de s'orienter bien dans les degrés du développement de sa propre âme et de celle de quelqu'un d'autre et ne peut pas déterminer leur Niveau.

Cependant, l'achèvement par la cinquième race de son étape de l'existence fait beaucoup de gens réfléchir sur leur Niveau du développement et s'ils ont beaucoup de temps pour rester sur la Terre.

Chaque civilisation de la Terre a passé par ses propres Niveaux, mais personne n'a atteint des Niveaux élevés selon la hiérarchie générale de l'Homme, personne ne s'est élevé individuellement au-dessus du 50ième Niveau, puisque les civilisations elles-mêmes étaient des Niveaux bas et ne pouvaient pas donner aux âmes des gens les méthodes et les moyens du développement qui les aiderait à monter au moins au 80ième Niveau pendant une seule civilisation.

Pour déterminer même approximativement le Niveau de son développement, il faut partir du Niveau moyen que l'humanité a atteint vers l'an 2000. C'est le 40ième Niveau de la hiérarchie de l'Homme. L'évaluation de toute âme devrait y commencer (au 40ième Niveau) comme sur le pic atteint par la cinquième race, et pas au centième Niveau.

En bref, toute valeur finale du Niveau ou sous-Niveau atteint au cours du développement est divisée en celle faible, moyenne et élevée. Par conséquent, nous diviserons conditionnellement ce qui a été accompli par la cinquième race en ces trois éléments.

Si on s'appuie sur les réalisations modernes de l'humanité, alors son Niveau général actuel du développement devrait être divisé en celui haut, moyen et bas par rapport au quarantième Niveau atteint par la cinquième race. Ensuite, il (le 40ième Niveau)* sera considéré comme le plus élevé pour le Niveau du développement d'un individu contemporain; ceux 20ième -30ième seront moyens et le 10ième faible.

(Un Niveau peut être considéré bas, moyen, élevé par rapport soit au Niveau actuel maximal atteint par la majorité d'âmes, soit à la hiérarchie générale de l'Homme. Dans ce cas, on va considérer ces termes par rapport à la hiérarchie de l'Homme.)*

62

Dans ce cas, ces proportions sont en relation avec la hiérarchie générale de l'Homme, par conséquent, tous les Niveaux indiqués abaisseront considérablement leur statut, et les Niveaux du 40ième au 60ième deviendront moyens, alors que les Niveaux élevés, auxquels appartiennent les Niveaux 70ième -100ième dans la hiérarchie de l'Homme, sont totalement absents dans la cinquième race, ils ne sont pas atteints par les âmes en développement.

Les Niveaux 70ième-80ième n'apparaîtront que vers la fin de la 6ième race et ceux 90ième-100ième – seulement dans la 7ième race.

Si on parle de l'intégrité du développement de l'âme de l'homme dans la hiérarchie terrestre de l'Homme, alors notre contemporain a besoin de passer par 60 Niveaux supplémentaires. Il est clair que ce n'est qu'au 100ième Niveau que l'homme aura une vraie spiritualité. Lors de l'évaluation de la spiritualité ou de certaines autres qualités de l'homme contemporain, il est important de mesurer le Niveau d'une personnalité dans sa race actuelle par rapport au développement dans la hiérarchie Terrestre entière. Si l'évaluation ne se fait que par rapport à la race actuelle, elle sera conditionnelle. Par conséquent, l'homme contemporain du 40ième Niveau ne sera considéré élevé que conditionnellement.

Les vrais degrés du développement des gens ne sont connus que pour les Supérieurs*, qui composent donc des programmes d'incarnations correspondants. L'homme n'a pas besoin de connaître son Niveau, il suffit juste de se comparer plus souvent aux autres, et les différences constatées permettront de comprendre qu'on n'a pas atteint le perfectionnement dans beaucoup d'indicateurs (puisque quelqu'un est supérieur dans quelque chose) et on a besoin de renforcer les processus du développement. Comme on dit, **la connaissance et l'expérience de la vie ne peuvent jamais être inutiles, elles peuvent seulement être insuffisantes.** Dans le futur, on a encore le développement des capacités paranormales et la découverte de nombreuses nouvelles sciences.

Dégradation de l'homme

Lecteur. J'ai des questions à vous après avoir lu les « Lois de l'Univers ». Comment j'ai appris, à ma grande surprise, que l'homme ne se dégrade pas soi-même, mais que la dégradation fait partie du programme de sa vie.

Vous écrivez: « La dégradation n'est pas souvent donnée à un individu, mais seulement lorsqu'une personnalité est au stade final de sa progression, et par conséquent, elle a la possibilité de « se détendre ». Un peu plus tard, vous écrivez: « Par conséquent, la dégradation dans certaines limites, étant une épreuve, contribue à l'augmentation de la qualité des accumulations énergétiques de la personnalité ».

J'ai une question: les périodes de la dégradation sont-elles de courte durée ou peuvent-elles être présentes pendant la majeure partie de la vie? Par exemple, un homme boit un peu d'alcool. Cette période passera-t-elle rapidement? Mais que peut-on dire des alcooliques qui boivent de l'alcool pendant la majeure partie de leur vie? Ont-ils également cette option dans le programme?

Est-ce qu'on peut le considérer comme un processus spécial de la destruction profonde des structures de qualité inférieure dans la matrice de l'individu?

Réponse. De telles épreuves sont données à l'homme pour vérifier la qualité des structures au sein de ses matrices. Les périodes de vérification par la dégradation sont généralement de courte durée. Si la dégradation dure longtemps, une forte destruction se produit dans la matrice, ce qui devient impossible à restaurer. Par conséquent, par la suite, un tel individu est fondamentalement décodé.

La dégradation des âmes jeunes et celles moyennes est différente. Les jeunes âmes se tournent parfois immédiatement vers le côté du vice et sont tellement emportées par la liberté qui leur est donnée qu'elles se détruisent complètement. Et si cela se répète dans plusieurs incarnations, alors elles sortent immédiatement de la chaîne des réincarnations comme incapables de progresser. Dès les premières incarnations, elles ne sont pas emportées par la connaissance du monde, mais par les bénédictions de la vie, qui les transforment en âmes sans espoir. On essaie également de les identifier tout de suite, afin d'éviter de grosses dépenses pour leur perfectionnement, et les sort de l'évolution avant qu'elles ne causent trop d'énergodettes.

Il y a également des âmes qui ont déjà franchi un chemin assez long du perfectionnement et qui doivent être transférées à la prochaine étape du développement. Mais les Supérieurs continuent de douter de certaines de leurs qualités, et alors Ils décident d'organiser un examen pour une telle âme en introduisant dans son programme un élément de vérification de la permissibilité des actions qui causent la dégradation. Autrement dit, pour une telle personne on introduit spécialement dans le programme certaines tentations, épreuves et une partie du contrôle est bloquée. De cette manière, on vérifie dans quelle mesure une personnalité donnée reste résistante à ces tentations et dans quelle mesure elle est capable de se contrôler, si elle est capable de s'arrêter à temps. Plus précisément, d'autres qualités sont vérifiées pour le degré de leur destruction par cette dégradation.

Chez une personnalité qui reçoit la possibilité de dégrader, on teste tout d'abord les qualités de maîtrise de soi, la puissance de la Volonté. Quelles que soient les conditions de vie, l'homme devrait savoir s'arrêter à temps dans les processus d'autodestruction, dans les processus de haine envers les autres, dans la poursuite des bénédictions de la vie et bien d'autres choses, qui servent à l'abaisser moralement et à abaisser son Niveau du développement. À cet égard, des périodes de dégradation fréquentes et courtes, insérées dans le programme de la vie, lui apprennent à identifier ses points faibles, à renforcer la puissance de la Volonté en soi-même et à s'arrêter à temps, en sauvant ainsi l'âme d'une destruction complète.

Après ces périodes de contrôle, l'individu est permis à se récupérer le plus tôt possible et à poursuivre sa progression.

Chapitre 3
PARTICULARITES KARMIQUES
DE LA VIE ET DE LA MORT

Maladies karmiques et adresse à Dieu.
Hypocrisie envers soi-même

Lecteur. Les gens qui ne peuvent en aucun cas être guéris par des médecins terrestres commencent à prier Dieu de les aider. Ils Lui demandent de leur envoyer la santé. Si un miracle se produit, alors le temps vient de régler les factures. Une fois le bien est reçu – il faut rembourser les coûts, comme je pense. Mais si on change l'approche à la question et on ne se tourne pas à Dieu avec les paroles «Donnez-moi de la guérison, s'il vous plaît», mais un peu différemment: «Si ma maladie n'est pas karmique et si à son aide j'ai déjà produit les énergies nécessaires pour les Supérieurs, alors prenez-la (maladie) pour vous-même. Elle n'est plus nécessaire pour moi». Si Dieu accomplit une telle demande du malade et prend la maladie pour lui-même au lieu de donner les énergies de guérison pour la santé, la personne guérie devra-t-elle alors donner quelque chose ou non?

Réponse. Une telle demande ressemblera à la ruse, à l'hypocrisie de l'homme qui veut réduire le degré de son péché. Souvent, l'homme est hypocrite devant soi-même, tout en voulant paraître bon et juste. Et ce qui est le plus surprenant, il essaie d'en convaincre soi-même. Ainsi, il tâche de protéger sa conscience de la confession douloureuse de son péché et de son iniquité, car il est plus facile pour lui de vivre quand il se considère pur et décent et voit pour cette raison son avenir merveilleux au lieu de réfléchir douloureusement s'il a beaucoup péché et quelles punitions lourdes l'attendent.

Pourtant, un tel **refus de reconnaître le vrai péché de la justice fictive n'aboutira que par l'augmentation du degré de la punition** ou de la durée de l'élimination des péchés commis par l'homme. Par conséquent, il vaut mieux faire face à la vérité que vivre dans l'illusion de sa justice, et essayer de faire tout possible pour corriger tout ce qui a été fait.

Aucune maladie n'est donnée par hasard. Même une maladie non karmique est envoyée à l'homme avec un but précis - pour que son âme développe un certain type d'énergie nécessaire à son Niveau du développement.

Si l'homme refuse de produire le type d'énergie requis à travers la maladie qui lui a été envoyée, en priant dans l'église pour le libérer de telle ou telle situation, et c'est un refus d'accomplir bien son programme, alors, dans de rares cas, le Déterminant peut produire un miracle et transférer le développement de cette qualité à sa prochaine vie. Alors, en réalité, l'homme se rétablira de façon miraculeuse.

(Parfois, le Déterminant peut aider à étirer cet entraînement pour plusieurs réincarnations, en réduisant ainsi la souffrance au minimum. Il peut, par exemple, les remplacer par des douleurs de conscience. Mais cela dépend complètement des principes de votre Déterminant. Un autre, par exemple, peut, au contraire, intensifier l'entraînement pour obtenir des sentiments négatifs par l'homme.)

Si le Déterminant n'a que partiellement condescendu à accepter la prière de son disciple, alors dans la vie suivante, son ancien disciple sera à nouveau doté de la même maladie ou d'une autre et commencera à développer le type d'énergie nécessaire par le tourment et la souffrance dans les situations de vie particulièrement difficiles. Par conséquent, les Supérieurs savent mieux qui a besoin de quoi et qui n'en a pas. (Les Supérieurs peuvent ne pas prendre l'opinion du Déterminant en compte et le condamner avec une peine plus sévère.) Si l'énergie nécessaire est systématiquement accumulée par une personne malade, alors la maladie disparaît ou elle est guérie avec des médicaments.

Karma d'un juge qui a rendu un arrêt de peine de mort

Lecteur. Si la loi pénale officielle de l'État prévoit la peine de mort, et le juge prononce la peine de mort comme la plus juste selon sa conviction intérieure et en tenant objectivement compte de toutes les circonstances aggravantes et atténuantes, de la personnalité du coupable et de la gravité de l'acte, gagnera-t-il alors du karma pour lui-même pour avoir pris la vie d'une autre personne ou non, si le juge avait une opportunité d'alléger la punition?

Réponse. Le karma dans ce cas sera accumulé partiellement pour lui-même et sera diffusé en même temps aux parents et amis du juge. Pourtant, le verdict ne sera pas considéré d'en Haut comme un meurtre direct commis par lui-même. Ce type de karma s'accumule en résumant toutes les erreurs identiques commises par le juge pendant toute son activité professionnelle en pourcentage.

On peut considérer l'arrêt du juge de différents points de vue. Après tout, un arrêt injustement léger peut également être considéré par beaucoup comme injuste. Tous exigent un verdict honnête et une punition équitable. Par conséquent, de tels arrêts sont examinés par les communautés de Juges et un résultat cumulé doit être rendu avant que le juge lui-même ne soit condamné.

Karma d'un écrivain devant ses personnages littéraires

Lecteur. À quoi ressemble le karma d'un écrivain par rapport à ses personnages littéraires? Comment est-il neutralisé? Le karma d'un écrivain peut-il être neutralisé et comment?

Réponse. Les personnages dans les œuvres littéraires sont des héros fictifs que l'auteur devrait utiliser pour guider le lecteur de manière positive, ou utiliser le héros pour montrer le mal que l'homme est capable de faire, et pour que les autres ne s'y engagent pas. Après tout, chacun ne fait pas face à des scélérats et des meurtriers pendant sa vie. Par conséquent, en observant le comportement du héros de n'importe quelle œuvre, les gens peuvent apprendre beaucoup de choses sans se plonger dans des situations aussi terribles. En outre, les romans peuvent enseigner une belle manière de faire la cour à un partenaire, de comprendre correctement une autre personne, etc.

Le karma d'un écrivain en tant que tel par rapport à ses personnages créés n'existe pas, car ils sont irréels. Pourtant, ici il y a une nuance de compréhension: par rapport à ses héros, l'auteur n'accumule pas de karma, puisqu'ils sont inventés, mais il en accumule pour ses mauvaises pensées et idées, qu'il réalise dans son œuvre.

Il peut captiver le lecteur avec l'idée du terrorisme, la pression du fort sur le faible, enseigner au lecteur les moyens de tromper les gens, voler, faire des intrigues, développer un esprit mercantile ou donner de faux objectifs d'enrichissement et de richesse matérielle, etc. Un écrivain gagne du karma pour de telles fausses directions du développement. Autrement dit, il ne faut pas confondre la vie des personnages de fiction avec la pensée vivante et sophistiquée de l'écrivain, pour laquelle le karma est gagné dans certains cas.

Tout karma est neutralisé par l'action opposée. Dans ce cas, c'est la création d'une œuvre positif qui dirige l'homme vers une voie positive du développement.

Conjoint négatif

Lecteur. Une personne positive peut-elle rencontrer un conjoint négatif dans une version optimale de sous-programme? Un mariage avec un négatif est-il un karma ou un mauvais choix de la personne elle-même?

Réponse. N'ayez pas trop peur des conjoints négatifs. Certains d'entre eux ne font pas tant de mal à autrui que de bienfaits.

Un conjoint négatif* peut être reçu par une personne positive pour plusieurs raisons.

1) Il est donné afin d'accélérer la progression de son âme, alors qu'en tant qu'un éducateur dur, ce conjoint exigera constamment de son partenaire une excellente exécution de toutes ses tâches conjugales à la maison. En conséquence, vers la fin de sa vie, un partenaire qui savait peu de choses sur les relations familiales devient un conjoint parfait qui prévoira tous les désirs de son partenaire, et la vie des deux deviendra même indicative pour de nombreux nouveaux couples positifs.

2) Un conjoint négatif est donné à des fins de la punition, comme le karma, pour le fait que pendant l'incarnation précédente, l'homme n'appréciait pas un merveilleux partenaire qui lui avait été donné et se moquait de lui ou négligeait simplement son digne partenaire, se moquait de lui, l'a utilisé à ses propres fins, etc.

Lorsqu'un individu passe son partenariat avec un conjoint négatif pour ces raisons, alors toute sa vie peut se transformer en Enfer, en conflits constants, en souffrance. Et le conjoint négatif jouera le rôle d'un despote, refrénant le tempérament d'une personne positive, arrogant et se permettant beaucoup de choses inutiles. Il ne faut pas oublier que les époux doivent éduquer mutuellement certaines qualités. Le mariage **ne** sert pas à façonner les plaisirs de la vie pour soi-même, mais c'est une mini-école pour former des diplomates aux relations familiales. Ces qualités d'être capable d'établir des relations normales avec tout partenaire envoyé par le destin sont très appréciées et sont tout à fait applicables dans les relations sociales.

3) Un partenaire négatif est parfois donné dans le but d'acquisition par le second conjoint d'un certain nombre de qualités qui lui manquent dans la vie. Par exemple, beaucoup de gens manquent de discipline, de responsabilité et d'évaluation des besoins des membres de la famille au-dessus de leurs besoins égoïstes. Il est également important que votre conjoint développe une compréhension que les membres de la famille doivent être toujours nourris bien par ce qui est bon pour la santé, habillés proprement, chacun dans la maison doit avoir des conditions pour l'éducation personnelle et la créativité préférée. Les parents doivent toujours venir à leur aide à tout moment, quelle que soit la question ou n'importe quelle situation de conflit. Un conjoint négatif peut forcer son partenaire à l'aider à créer de telles conditions pour chaque membre de sa famille. Il ne le fera pas parce qu'il a été élevé si correctement, mais parce que tout cela sera inscrit de manière rigide dans son programme de vie, et il formera sa famille de la manière la plus stricte indiquée par son programme.

Mais ce sera déjà la tâche des Supérieurs - créer plusieurs familles exemplaires afin d'apprendre aux gens à vivre en paix avec n'importe quel partenaire et diriger la cohabitation vers la progression de chaque individu qui fait partie de la famille.

4) Un conjoint négatif promeut certaines idées dans la société, il est pleinement engagé dans les activités sociales, c'est pourquoi on lui envoie un conjoint positif qui doit consacrer sa vie à servir son conjoint, tout en se rendant compte qu'il conduit un grand nombre d'autres personnes à un certain but. En fait, un conjoint positif n'a pas sa propre vie personnelle, mais de nombreuses qualités positives sont développées en lui jusqu'à la perfection, il apprend à comprendre non seulement les bonnes personnes, mais aussi les personnes négatives.

Il y a d'autres raisons pour lesquelles les personnes qui sont opposées dans leurs qualités sont unies en une seule famille, mais ce sont déjà des cas particuliers. Sur la Terre tout est subordonné au développement de l'homme et à son éducation, et cela ne doit pas être oublié. A propos, les individus négatifs sont de bons éducateurs. Arrêtons-nous sur la variante des conjoints, ou l'un contribue à l'accélération de la progression de l'autre.

Une alliance avec un individu négatif peut être donnée à un individu positif afin d'accélérer sa progression selon la variante optimale. Dans ce cas, le conjoint négatif peut être prévu pour l'entretien matériel du positif, en lui fournissant, par exemple, des frais de scolarité, pour développer ses capacités créatives, tout en choisissant les meilleurs enseignants ou les meilleurs établissements d'enseignement supérieur. De plus, le négatif discipline souvent le positif et contribue au développement de sa qualité de maîtrise de soi et de responsabilité, s'il ne possède pas ces qualités.

L'enfant est un maniaque futur et le karma

Lecteur. Si une mère et un père positifs ont un enfant qui devient un maniaque ou un meurtrier de masse dans l'avenir, alors peut-on dire que les parents dans ce cas ont une sorte de karma? Après tout, les autres les regarderont plus tard de travers et essaieront de les contourner, et eux-mêmes, ils se sentiront coupables devant les proches des victimes innocentes. Si c'est du karma, alors pour quels péchés dans les vies passées peut-on recevoir un destin aussi lourd dans le présent?

Réponse. Premièrement, l'un des parents du futur maniaque est sûrement négatif, puisque, selon les lois énergétiques, deux « plus » ne peuvent pas donner un « moins ». Deuxièmement, un parent positif a toujours un karma associé dans le passé à l'humiliation ou à la destruction des autres. (Par exemple, dans le passé, il pouvait travailler dans les prisons et y torturer et fusiller les condamnés. À cette époque, ses activités pouvaient être considérées par les autres comme un facteur positif du travail éducatif, car de nombreux condamnés étaient faussement considérés comme des ennemis du peuple). De plus, il y a une variante ou les deux parents peuvent être négatifs, dans ce cas, pour eux tout, ce que fait l'enfant ne sera que des situations du développement continu dans le mal.

Qui forme le karma de l'homme et comment

Lecteur. Comment la loi du karma fonctionne-t-elle au Niveau subtil? Est-il correct de supposer qu'il existe une hiérarchie des Substances du karma négatif et une hiérarchie des Substances du karma positif? Quelle est la punition d'un individu coupable par Dieu?

Par exemple, un homme a volé quelque chose. Qui détermine le type de la punition: le Déterminant ou la Substance correspondante de la loi du karma? Si la punition est définie, comment est-elle appliquée? Tout d'abord, les programmeurs créent une situation correspondante, puis l'intention dirige l'homme strictement dans cette situation défavorable, ou est-ce différent?

Réponse. Le concept de karma comprend le processus complexe visant à guider l'homme vers la voie positive. Tout cela généralise le travail de nombreuses Substances différentes du Système négatif, qui observent l'exécution par l'âme de ses traitements karmiques. Ceux-ci, les Substances qui contrôlent le fonctionnement du karma, incluent les programmeurs, les calculateurs, les Juges, les gardes et bien d'autres.

Comme vous vous en souvenez, les personnalités négatives travaillant sous le contrôle du Diable n'ont pas de karma, ce qui est associé à l'exécution exacte de leur programme. Seuls les individus positifs ont du karma parce qu'ils ont la liberté de choix dans le programme, et l'homme choisit souvent bas au lieu de haut, ce qui génère d'autres traitements karmiques. Du fait que les gens du Diable n'ont pas de karma, il n'y a pas de karma dans la Hiérarchie négative, mais il y a une Hiérarchie de punitions. La correction de ses erreurs par le coupable est déterminée par le Juge après la mort de l'homme (au Jugement Dernier).

Et pour cela, tout d'abord, on compose le sujet de la vie future, y compris le passage de la punition; on calcule la production par l'âme des énergies nécessaires, perdues à la suite des mauvaises actions de l'homme, et aussi on définit des situations pour une production supplémentaire par la matrice de l'âme des énergies qui contribuent au progrès de l'homme. Il est impératif non seulement de rendre ce qui a été perdu, mais également de donner au Supérieurs une énergie supplémentaire qui assure la progression du développement. Ainsi, tout cela est calculé avec une grande précision.

Ensuite, le sujet est transféré dans le système négatif aux programmeurs et aux calculateurs qui calculent tout cela en utilisant le programme de la vie future, ses situations; on calcule combien de types et de quantités d'énergies seront nécessaires dans chaque situation de vie et combien d'énergie a été perdue dans le passé afin de savoir combien d'énergie il doit produire dans de nouvelles situations et combien il doit compenser pour les pertes karmiques.

Ensuite, toutes ces préparations sont transférées aux Substances responsables pour l'énergie pour calculer la consommation énergétique des types d'énergies nécessaires à la vie d'un homme. Et après cela, tout est transféré aux Substances, qui créent selon le sujet les hologrammes de la vie future dans le plan éthérique de la Terre, et ainsi de suite, le travail préparatoire se poursuit pour l'incarnation ultérieure d'un homme. Ces hologrammes construisent sa vie future et incluent des situations de punition avec le traitement du karma de l'homme et une compensation partielle de ses énergodettes*.

Il existe également des Substances qui vérifient les calculs. Elles peuvent inclure des traitements supplémentaires par l'homme de tout type d'énergies, compte tenu de l'instabilité de son développement positif. Alors elles lui font des réserves qui l'aideront dans le futur à traverser des situations difficiles dans la vie. Cela peut allonger légèrement la vie d'un homme, mais tout cela est fait pour continuer son perfectionnement dans l'évolution du monde.

Chapitre 4
SUR LA MORT

Assassinats et suicides

Lecteur. Combien de temps les suicides passent-ils sur la Terre?

Réponse. Ils restent jusqu'au dernier jour de leur vie, qui est inscrit dans leur programme de vie comme la date de la mort.

Lecteur. Si l'homme n'est pas tué selon le programme, est-ce une situation sans issue?

Réponse. Les assassinats hors programme sont très rares. Ils n'existent pratiquement pas. Mais s'ils se produisent tout de même, alors, les Substances spéciales* viennent pour les victimes et les montent dans la salle d'attente correspondante. Dans l'incarnation suivante, elles répètent les situations qui n'ont pas été passées et, en tant que victime, reçoivent une sorte d'encouragement.

Sentiments après la mort

Lecteur. Je voudrais clarifier une certaine ambiguïté. Probablement, les qualités de l'amour pour une personne chère et aimée persistent encore après la mort pendant un certain temps et grâce à cela, les âmes des morts viennent quand on rêve?

Réponse. Votre question se réfère principalement aux sensations de l'âme dans le monde terrestre. Les sentiments de l'homme, ses aspirations changent avec chaque vie. Cependant, certains sentiments et aspirations ne s'estompent pas, mais au contraire, peuvent s'intensifier, tandis que des autres semblent vraiment s'estomper et disparaître. Ces sentiments et aspirations des gens, qui continuent de se développer, ne s'évanouissent pas, mais s'intensifient. Ils ont besoin d'accumuler plus d'énergies de leur qualité afin d'accélérer la construction de la hiérarchie de la qualité et de l'amener à la perfection, en travaillant la fonction de qualité jusqu'à l'automatisme.

Ces sentiments et aspirations qui semblent s'estomper quand

l'homme devient passif face à ce qui les exacerbe, indiquent qu'ils sont déjà au stade de l'achèvement de leur développement. Par conséquent, dans cette vie, le programme arrête leur perfectionnement. Le programme de l'homme fait une sorte de pause. Et après la mort de l'homme les Maîtres Suprêmes doivent analyser soigneusement le fonctionnement de l'âme afin de construire correctement les situations de l'incarnation future et aider l'âme à achever la construction de ses qualités, en les amenant à la perfection absolue.

Cela concerne également le raffinement de la qualité de l'amour. Par conséquent, l'homme peut garder son amour, mais faire une pause programmatique, une accalmie dans les sentiments, afin de l'amener ensuite à la plus haute perfection, stabilité et beauté des actions.

Dans le monde terrestre, pendant une incarnation, les sentiments des gens peuvent changer, grandir, puis s'affaiblir. Cela dépend à la fois de la force de la qualité acquise et du programme de l'homme qui contient ses exigences. A travers le programme, l'homme est vérifié à la fois pour la force de ses sentiments, leur stabilité, en construisant de diverses situations des relations. Mais toutes les qualités sont toujours testées au cours d'une incarnation. De cette manière les Supérieurs révèlent des lacunes dans une qualité, déterminent ce qui doit être renforcé, et ce qui doit être affaibli. La perfection de la qualité est construite à partir de nombreux petits détails, actions, éclairs de sentiments et de déceptions, des hauts et des bas des sentiments. Et ici, il y a de nombreuses caractéristiques énergétiques qui sont encore inconnues aux gens.

Après la mort, les jeunes âmes continuent de demander de l'attention envers elles-mêmes, elles essaient de se rappeler d'elles-mêmes par différentes manières. Pour cette raison, elles peuvent même accéder au canal du Distributeur, en cherchant l'attention qui leur est due même après leur mort. Par conséquent, de telles âmes peuvent rester longtemps dans les lieux où elles ont vécu. Elles peuvent jeter des objets dans leur ancienne pièce, faire du bruit, même ouvrir les robinets, en essayant de se rappeler d'elles-mêmes. Dans ce cas, on invite souvent un prêtre qui récite les prières nécessaires et aide les âmes à monter vers le Distributeur et à trouver leur place parmi les leurs. De plus, on doit commander les services de prière pour ces âmes au jour de leur mort et aux autres fêtes religieuses qui se terminent par la commémoration des morts. Cela calme les âmes, et elles ne se permettent pas d'effrayer les membres du ménage et essaient souvent de les aider, en donnant des signes d'avertissement à leurs proches, en apparaissant dans leurs rêves.

Les corps des hommes et des femmes sont-ils en alternance dans les réincarnations

Lecteur. Par d'autres sources, j'ai appris que pour les réincarnations successives, l'âme se matérialise dans le corps d'un homme et puis d'une femme en alternance. Est-ce vrai? Une âme peut-elle se réincarner dans une âme de même sexe plusieurs fois de suite, ou seulement en alternance avec l'autre sexe?

Réponse. Il n'y a pas d'alternance spécifique de l'âme pour ses incarnations dans les corps «des hommes et des femmes». Tout dépend de son accumulation de certaines qualités et de leurs défauts. Pour plusieurs réincarnations successives, l'âme peut se matérialiser dans la forme d'un homme ou celle d'une femme, c'est-à-dire, la période entre les différents corps peut être assez longue, ce qui permet à l'âme d'accumuler les qualités prédominants d'une femme ou celles d'un homme. Cependant, lorsque l'âme entre dans le corps, c'est en Haut* qu'on décide des qualités qui manquent à une âme particulière, puisque tel ou tel corps a la capacité d'accumuler tels ou tels traits de caractère prédominants ou certaines compétences de vie, capacités. Le corps masculin permet à l'âme de développer plus de force de caractère et de puissance, le corps féminin aide à accumuler les qualités de responsabilité pour autrui, d'amour, de douceur de comportement, de prudence, de pitié et de compassion pour les autres, etc.

Mais si on parle d'une stricte régularité de l'incarnation de l'âme dans le corps d'un homme, puis d'une femme, elle n'existe pas. On ne peut que dire en général que oui, une telle alternance a lieu, mais elle correspond aux plans des Supérieurs et à Leurs tâches, quelles qualités Ils souhaitent voir chez telle ou telle âme. Si l'âme a besoin d'acquérir des qualités plus féminines, elle se réincarnera plus souvent dans les corps des femmes. Et s'Ils veulent lui donner plus de masculinité, Ils commenceront à l'incarner davantage dans les corps des hommes. Donc, ce modèle ne s'applique pas à toutes les âmes, mais tout est fait compte tenu de la pertinence pour l'âme.

Dans quels corps se réincarnent les âmes nullipares

Lecteur. Selon un taronumérologiste et ésotériste, si une femme n'a pas continué son espèce, n'a pas donné naissance à des enfants, alors son âme n'aura pas de corps dans lequel elle pourra se réincarner après la mort. Si cela est vrai, alors dans quels corps les âmes nullipares se réincarnent-elles ?

Réponse. Ce ne sont que des inventions de la riche imagination d'un provincial. En tout temps, il y avait des âmes qui vivaient sans continuer leur espèce. Pour certains, c'était leur karma parce qu'ils n'appréciaient pas la naissance d'un enfant comme un don de Dieu. Alors on leur faisait ressentir à quel point la vie sans enfants semble vide et sans intérêt.

Mais il ne faut jamais dire que pour une âme d'une personne qui n'a pas eu d'enfants dans le passé, il n'y aura pas de corps pour son incarnation. Après tout, même une femme peut créer plusieurs corps physiques. De plus, de nombreux corps de jumeaux sont apparus récemment.

Par conséquent, un corps matériel pour l'âme peut toujours être trouvé. Une autre chose est qu'il est difficile d'insuffler une âme dans un corps matériel qui correspond absolument au Niveau de son développement. En général, cette corrélation nécessite la formation d'une multitude d'indicateurs énergétiques spécifiques dans le corps. Pas toutes les femmes ou couples peuvent les fournir pour l'âme.

Ce taronumérologiste se trompe dans ses conclusions s'il n'affirme l'existence que de chaînes génériques du développement. De nombreuses âmes viennent du monde animal, elles n'ont pas de chaînes ancestrales, mais commencent néanmoins leur développement dans le corps humain.

Le décodage, combien de temps prend-il

Lecteur. Selon les sentiments de l'âme elle-même, combien de temps le processus de décodage prend: beaucoup, moyen, peu?

Réponse. Le processus de décodage* dure assez de temps qu'il est nécessaire pour qu'elle rende à travers les souffrances toutes ces énergodettes qui ont été dépensées par les Supérieurs sur ses incarnations précédentes. Cela prend beaucoup de temps. Selon les impressions de l'âme - infiniment long.

Certes, parfois les Supérieurs essaient d'accélérer le décodage, car ce processus est très désagréable. Pour cette raison, après le

Jugement Dernier, Ils peuvent donner à l'âme 2-3 vies difficiles, dans lesquelles des situations seront construites de sorte que l'âme rende la plupart de ses énergodettes à travers différentes situations de vie, qui lui sont certainement désagréables. Après de telles incarnations auxiliaires, le décodage est rapide.

Communication des âmes des gens dans le Dépôt

Lecteur. Les âmes développées ont-elles la possibilité de communiquer entre elles dans «l'autre monde»?

Réponse. Oui, cette opportunité est fournie en fonction de leurs Niveaux. Les âmes appartenant au même Niveau se communiquent, mais la communication n'est pas autorisée pour les âmes des Niveaux différents. Par exemple, le Niveau 3 ne communique pas avec le Niveau 2 ou le Niveau 4.

En général, les niveaux de Dépôt ressemblent à certains mondes avec leur propre structure individuelle. Ces mondes sont le plus souvent divisés en zones énergétiques privées, dans chacune desquelles un groupe d'âmes vit et accomplit ses tâches spécifiques. Les zones sont construites de telle manière que, bien qu'il n'y ait pas de barrières ou de clôtures, les âmes ne peuvent pas les dépasser sans la permission d'en Haut. Telles sont les caractéristiques de la construction des mondes Supérieurs du Dépôt. Mais les âmes, qui ont rapidement accompli leurs premières tâches selon les programmes qui leur ont été donnés, reçoivent les tâches suivantes, et alors les âmes peuvent être transférées vers d'autres zones plus développées, par exemple, et y poursuivre leur développement. Après tout, certains doivent rester dans ces Dépôts pendant cinq cents ans.

J'ai senti l'arrivée de la mort

Lecteur. Je me souviens d'un épisode de la fin de mon enfance. Notre famille était assise dans une grande pièce et regardait la télévision. Tout à coup, j'ai senti que quelqu'un d'invisible marchait à côté de moi à travers la pièce. J'ai clairement senti que c'était la mort. Je ne peux pas dire pourquoi un tel sentiment est venu, mais je sais avec certitude que ce n'était pas une auto-illusion. J'ai regardé ma mère et j'ai vu dans son expression qu'elle a aussi senti quelque chose. Mais ni elle ni moi n'avons rien dit à haute voix à ce sujet. Serait-ce la

Substance de la mort qui est descendue dans notre monde?

Réponse. Oui, cela pourrait très bien être la Substance de la Mort. Elle est descendue pour prendre quelqu'un et a passé dessus, parce que, peut-être, c'est à travers votre appartement que son chemin passait vers celui qu'elle avait dû prendre. Ces Substances descendent par leurs canaux chez les personnes indiquées. Les animaux peuvent aussi bien les ressentir. Ils commencent à se comporter de manière agitée, ils peuvent regarder quelque part dans l'espace et aboyer, gémir, ou, si c'est un chat, il peut miauler, siffler ou essayer de se cacher quelque part, grimper dans le placard, sous le canapé.

Pourtant, il arrive que ce ne sont pas les Substances de la mort qui descendent dans le monde humain, mais certaines Substances négatives qui font des provocations: elles peuvent provoquer des bagarres entre personnes dans une famille ou entre voisins, elles peuvent aider un enfant à allumer un feu en l'absence des adultes, ou aider un ivrogne à organiser une explosion de tout immeuble. Notre monde physique est donc plein de toutes sortes de Substances négatives, invisibles à l'œil humain ordinaire, qui tentent d'empêcher les gens de vivre en paix et sont toujours prêts à inciter les personnes colériques et nerveuses, ainsi que celles déséquilibrées, instables devant les querelles, scandales et toutes sortes d'accidents. Certaines personnes sensibles à la perception du monde subtil peuvent les ressentir avec leur âme ou ressentir avec leur peau l'énergie négative d'un individu négatif qui passe.

Chemins de la mort

Lecteur. Dans la presse, on peut trouver des notes sur les routes ou toutes sortes d'accidents sont souvent observés. Ces routes sont appelées chemins de la mort. Comment expliquer ce phénomène des «chemins de la mort»? Autrement dit, y a-t-il des routes sur lesquelles, sans raison apparente, des accidents se produisent souvent, parfois très étranges, mortels?

On ne sait pas pourquoi ils se produisent: est-ce parce que les routes traversent des zones d'accumulation d'énergie négative, ce qui affecte la conscience des conducteurs, ou y a-t-il d'autres raisons?

Pour le moment, je pense qu'il peut y avoir 3 raisons à ce phénomène:

a) la route traverse une zone pathogène à énergie négative;

b) les anciennes fosses communes à énergie nécrotique;

c) la présence d'une faille dans la plaque continentale avec la libération d'une énergie positive très puissante, qui peut éteindre la conscience d'un homme pour une courte période.

Réponse. Vous avez correctement énuméré les variantes de l'apparition de telles zones sur les routes. Deux autres raisons peuvent y être ajoutées:

d) Il existe certaines zones de la nature, qui sont protégées par des entités appelées par le peuple les Esprits de la forêt, de l'eau, des montagnes, etc. Parfois, l'homme entre dans leur territoire interdit une sorte de leur demeure personnelle sur le plan subtil), ce qu'ils n'aiment pas. Ils essaient de donner un signe à une hirondelle pour que la personne quitte cet endroit, en l'escortant le long de la frontière de leur territoire et, comme pour montrer où il est interdit d'entrer, puis ils la ramènent à l'endroit d'origine.

e) Certaines de ces zones sont utilisées pour qu'un homme complète son programme de vie en conduisant sur cette route, alors la situation d'accident s'inscrit bien dans le programme. Parfois, pour participer à une telle situation, une Substance négative est impliquée, elle éteint artificiellement la conscience du conducteur pour un moment, et il commet un accident mortel. Et la mort d'un homme est attribuée à ce tronçon de route afin de lui créer une gloire négative et forcer les gens à changer cet itinéraire, à paver une route contournant cet endroit. (Bien que les gens ne le fassent presque jamais, étant obstinés de ne pas prêter attention aux Signes qui leur sont envoyés d'en Haut.)

Compensation des énergies lors du décodage

Lecteur. Dans le livre « La création de l'âme », vous écrivez: « Par conséquent, les jeunes âmes ne vivent pas une vie, mais au moins dix, de sorte que les énergies qu'elles ont accumulées compensent les coûts de leur création ». J'ai une question: pourquoi les Supérieurs ont-ils besoin d'une telle compensation, comme l'âme leur appartient toujours après le décodage avec toutes les énergies accumulées. Autrement dit, il s'avère qu'ils ne perdent rien?

Réponse. Les dépenses énergétiques sont toujours présentes, car les gens dépensent généralement plus qu'ils créent de nouveau et qu'ils accumulent. Pendant un certain nombre de vies, l'âme reçoit une quantité d'énergie calculée*. Si elle ne passe toutes ces vies qui lui sont données qu'à dépenser, alors elle gagnera de grandes énergodettes et un karma lourd, puisque les Supérieurs ne recevront rien d'elle, tandis que Leurs dépenses par une âme sont énormes.

S'Ils décodent une telle âme sans la forcer à régler sa dette énergétique, Ils resteront eux-mêmes perdus. Par exemple, si votre voisin a emprunté 1000 roubles et est décédé sans avoir remboursé la dette, vous resterez à perte. Vous ne pouvez pas le ramener à la vie pour recevoir votre dette de sa part, mais les Supérieurs ont une telle opportunité. Par conséquent, avant de décoder une personne, ils l'obligent à régler toutes ses dettes dans les incarnations suivantes, en règle générale, dans un corps estropié ou malade.

L'homme ne comprend pas qu'il doit donner une partie de ses bonnes énergies à ses Maîtres et Créateurs Célestes. N'oubliez pas que son âme est créée pendant 9 longues années cosmiques, c'est une très longue période de sa cultivation, et cela nécessite également beaucoup de ressources. Et pendant sa croissance, beaucoup d'énergie y est dépensée quantitativement et beaucoup d'énergie selon sa composition typique. Ensuite, cette âme est infusée dans le corps, qui est également créé dans le corps de la mère physique pendant 9 mois, et les Supérieurs dépensent également des ressources énergétiques pour cela, etc. Il y a des dépenses fixes sans profit pour Eux.

Pourtant, les investissements ne s'y arrêtent pas, car il faut encore créer des programmes, faire des calculs d'énergies spécifiques, construire des hologrammes pour guider l'homme à travers la vie dans le monde terrestre, et bien plus encore. Absolument tout nécessite certains coûts énergétiques. De plus, il est nécessaire de créer un environnement correspondant dans le monde physique lui-même, celui bénéfique au développement des gens, etc. Autrement dit, l'homme ne veut pas comprendre que sa vie nécessite des dépenses énormes de la part des Supérieurs, c'est pourquoi nous expliquons toujours schématiquement à quoi ces coûts sont associés. Pourtant dans le détail, cela semble aussi difficile que possible pour la compréhension des gens.

Le plus important ici est qu'il faut comprendre que tout ce que les Supérieurs font, tout cela n'est pas donné gratuitement pour Eux-mêmes, comme pour toute personne qui a sa propre famille. Certains fonds sont dépensés pour toute chose. Et dans la mesure du possible, l'homme est obligé de restituer ces fonds à ses créateurs. Par conséquent, chacune de sa vie est calculée de telle sorte que l'homme économise lui-même des fonds supplémentaires pour ses futures incarnations et en même temps rend partiellement les passifs énergétiques aux Organisateurs de sa vie terrestre.

Prisons dans le monde subtil

Lecteur. Dans le monde terrestre, les établissements correctionnels sont représentés par les colonies et les prisons, où les condamnés purgent des peines sous forme d'emprisonnement. Quelles sont ces institutions dans le monde subtil?

Réponse. Si le monde subtil concerne la vie humaine, alors de telles institutions sont des hologrammes* existant jusqu'à un certain moment dans le développement de l'humanité (jusqu'au moment où le Diable emmène tous ses subordonnés négatifs dans des mondes négatifs).

Dans d'autres mondes subtils, il n'y a pas de telles institutions, mais sur la Terre elle-même (ce monde est bien décrit dans le livre de Diana Seklitova « À la recherche du troisième monde»), ainsi que sur certaines planètes de l'Hiérarque négatif, il y a des mondes qui sont entièrement destinés à l'existence des âmes subissant une punition.

Conventionnellement, les prisons ou les zones de prison peuvent être représentées par les zones fermées des hologrammes, dont l'âme elle-même ne pourra jamais échapper, car elle ne sait rien de la structure et de la fonctionnalité de ces zones. Ainsi, par exemple, les âmes des suicidés tombent immédiatement automatiquement dans de telles zones après la fin prématurée de leurs programmes. Elles errent douloureusement dans leur vide tout seules, ne comprenant pas ce qui leur est arrivé. C'est seulement après que le programme de leur vie sur Terre se termine que les Substances viennent les chercher et les emmènent au Jugement, et ainsi de suite. Dans ce cas, le «vide», l'incertitude, la solitude totale devient une prison pour l'homme.

Ainsi, grâce à la présence des hologrammes, les Supérieurs sont capables de créer une variété de structures pénitentiaires pour la détention temporaire des âmes coupables pour qu'elles purgent diverses punitions.

Sur qui le Diable mettra-t-il sa marque?

Lecteur. Je voudrais clarifier encore une fois. Beaucoup de chrétiens orthodoxes refusent de recevoir les documents délivrés par l'État, y compris le numéro d'assurance du compte individuel, le numéro d'identification fiscale, le passeport et autres, en raison du fait qu'ils portent la marque du Diable. Faut-il refuser de recevoir tous les documents? Y compris les cartes bancaires? Ou peut-on utiliser quelque chose?

Réponse. Cette information est incorrecte et est diffusée par quelqu'un uniquement dans le but d'intimider les gens.

Le Diable n'apposera sa marque qu'après le Jugement Dernier et uniquement sur les gens qui lui seront remis. Autrement dit, ce sont les qualités de l'âme de l'homme, les actions accomplies dans sa vie, ses pensées qui jouent un rôle ici. Si l'homme se développe grâce à de bonnes actions et observe les normes morales, aucune marque n'aidera le Diable à obtenir son âme sans la permission des Juges Suprêmes. Par conséquent, vous pouvez utiliser toutes ces innovations qui vous profitent et ne nuisent pas à d'autres personnes.

Chapitre 5
EDUCATION DE L'HOMME
ASTROLOGUES, PREDICTIONS

Un peu sur l'éducation

Dans le monde terrestre et puisque la Terre appartient aux mondes de Dieu-Créateur, tout est basé sur l'éducation des âmes des êtres vivants. Rappelons-nous que la vie a commencé sur notre planète par la forme la plus simple: les micro-organismes. Le temps passa et la Terre fut habitée par les Créateurs Suprêmes avec certaines formes des êtres vivants, puis avec des autres, jusqu'à ce qu'un jour notre planète eut besoin de garder la forme d'existence la plus intelligente. Le besoin venait des Supérieurs (Systèmes Cosmiques)*, ainsi que de la Terre elle-même.

Alors, à cause de ce besoin, les premières créatures humanoïdes ont été créées, appelées plus tard «peuple primitif», ou autrement - «sauvages», qui se sont installés en petit groupe sur une partie de la Terre qui leur était favorable. Cette forme primitive, composée de nombreuses espèces, a mal progressé et les Créateurs Suprêmes ont donc commencé à l'améliorer de manière intensive, en l'ajustant aux normes de la forme «Homo sapiens» - homme moderne, qui se développait déjà avec succès dans le Cosmos. En conséquence, des améliorations constantes ont conduit à la création d'un homme en développement progressif, dont l'esprit a commencé à construire d'étonnantes structures d'architecture sur la Terre et à créer la technologie même dans les civilisations initiales.

Alors, les gens ne vivaient plus à tort et à travers ou comme tout le monde le voulait, mais ils habitaient déjà dans une société, dans des communautés différentes, tout en créant des races et des civilisations, qui étaient puissantes dans leurs activités communes. Et les communautés exigeaient généralement certaines règles de coexistence, qui ont commencé à contribuer au développement de la structure législative et à accroître la tendance à toute association de personnes, en particulier dans les moments difficiles, pour s'entraider et défendre les intérêts des groupes de personnes. L'émergence de telles communautés est devenue progressivement la raison du développement actif de la structure même qui organise les aspects quotidiens et sociaux de la vie humaine, ce qui est devenue un facteur progressif dans le développement de toutes les civilisations de notre planète. La gestion exige toujours certaines règles, normes de comportement, lois auxquelles tous les membres de la société doivent obéir. Les désobéissants étaient punis et la punition était aussi généralement acceptée. Tout cela a conduit au fait que les organes dirigeants s'amélioraient aussi, ils étaient également enrichis de nouvelles expériences, ils grandissaient et progressaient...

Pourtant, ici il y a quelque chose à noter. Notons qu'entre les gens vivant ensemble sur le même territoire, il existait toujours certaines règles et normes de comportement, ce qui a progressivement conduit à la nécessité de créer la moralité et la mentalité, puisque les exigences mutuelles augmentaient au fur et à mesure que les âmes se développaient.

Plus l'homme se perfectionnait, plus il comprenait à quel point sa vie dépend du respect des normes générales et des règles de comportement. Les tribus et les communautés changeaient, mais la dépendance des unes aux autres dans la vie commune devenait de plus en plus importante. C'est grâce au respect des normes et des règles communes et à la conjonction des efforts communs pour construire les aspects quotidiens et sociaux de la vie que les tribus sauvages ont pu progressivement passer de petits groupes sans défense à des communautés civilisées de plusieurs millions qui ont créé de grandes entreprises industrielles et agricoles, qui aidaient non seulement à vivre bien et commodément, mais aussi à passer au vaste développement des domaines de la créativité. De telles associations ont contribué au perfectionnement des âmes des anciens sauvages jusqu'au Niveau de l'Homme-Dieu.

Ainsi, au cours du développement de l'homme, le nombre de règles et de lois de l'existence augmentait, mais en même temps, lui-même il devenait de plus en plus parfait. Autrement dit, les tribus primitives ont initialement choisi la bonne tendance - vivre ensemble selon les mêmes règles et lois. Cela a contribué à la progression de leurs âmes, et le résultat de cela, comme nous pouvons le voir déjà, est l'acquisition des capacités paranormales par des âmes individuelles qui ont réussi dans leur développement: la maîtrise de l'intuition, de la clairvoyance, de la clairaudience, de la guérison à l'aide de l'énergie des mains, la maîtrise des bases de la téléportation et un certain nombre d'autres capacités inhabituelles.

L'analyse de la formation précédente des gens nous permet de tirer **la conclusion principale: le développement de l'âme humaine selon les lois adoptées par la société amène l'âme dans la hiérarchie de Dieu, où elle continue de s'améliorer jusqu'à Dieu-Créateur; alors que le non-respect des lois et des normes du développement conduit l'âme dans le Système négatif du Diable, dans lequel l'âme se développe de manière robotique pendant des millions d'années et se transforme en quelqu'un qui est acceptable (par le Hiérarque négatif)* pour la mise en œuvre de ses plans.**

Du fait qu'initialement, deux directions du développement sont apparues dans l'évolution : celles positive et négative, entre les Hiérarques principaux (Dieu et Diable), un travail conjoint sur les âmes a commencé pour leurs hiérarchies. Mais comme l'Hiérarque négatif ne pouvait pas spiritualiser les âmes Lui-même en raison des énergies d'une autre qualité (opposée) contenue en Lui, cela l'a rendu dépendant de Dieu, qui non seulement a créé les âmes, mais les a également spiritualisées.

La dépendance du Diable vis-à-vis de Dieu dans la réception des âmes pour sa Hiérarchie négative L'a forcé à obéir au Créateur sans aucun doute. Alors, il a été décidé qu'Ils recruteront les âmes dans leurs Hiérarchies selon le contenu prédominant dans les matrices d'énergies positives ou négatives acquises par ces âmes pendant toutes leurs incarnations, après avoir vécu dix vies. Ces qualités ont permis de sécuriser les âmes en tant que propriété de Dieu ou du Diable.

Après cela, les règles de la séparation ont changé: éventuellement, à l'aide de l'éducation, Dieu essayait de laisser plus d'âmes positives pour lui-même, et le Diable essayait de prendre les âmes de Dieu pour Lui-même à travers les tentations. Ainsi, une sorte de lutte pour les âmes a surgi entre Eux. C'est pourquoi il est très important pour Dieu-Créateur que les âmes positives s'éduquent et observent Ses lois, normes et règles de la société. Par conséquent, le fait que les lecteurs s'intéressent aux nuances du développement de différentes qualités n'est pas leur caprice personnelle, mais leur désir de vivre selon les règles de Dieu afin de ne pas tomber dans le Système négatif.

Pourtant, il est nécessaire de préciser ici que la lutte pour les âmes se poursuit sur notre planète non seulement dans le monde physique, mais aussi dans le monde subtil. Examinons maintenant de quoi nos lecteurs ont peur et à quoi ils prêtent attention dans le développement.

A quoi bon servent des prédictions

Lecteur. À quoi bon les prédictions sont-elles données si l'homme ne peut rien changer dans sa vie?

Réponse. Les prédictions sont données pour de nombreuses choses:

1) apprendre à l'homme à penser et à développer la qualité de la recherche analytique;

2) afin qu'il comprenne qu'il y a des Maîtres Suprêmes qui connaissent l'avenir de l'humanité;

3) pour qu'il comprenne qu'en plus du monde physique, il y a un monde subtil qui reste invisible pour l'homme;

4) pour qu'il se rende compte qu'il existe des programmes et des hologrammes pour construire des situations et des événements de la vie sur le plan subtil;

5) pour que les gens comprennent qu'ils ont une structure subtile différente et que, par conséquent, l'un est capable de recevoir des informations de nature prédictive, et l'autre ne l'est pas;

6) pour que les gens aient une compréhension correcte de l'événement à venir, ce qui permet de prévenir les conséquences indésirables qui pourraient survenir à l'avenir, et d'orienter le développement de l'humanité pour le mieux, etc.

Il y a également d'autres options. L'homme n'est pas capable d'empêcher les événements négatifs, car il n'a pas confiance en ce que dit le clairvoyant, et son intellect ne fonctionne que par 6% et ne peut pas déchiffrer l'imagerie des prédictions. Ces prédictions ont des variantes pour le développement d'événements. Par exemple, prenons la situation avec le naufrage du sous-marin Koursk. Dans l'une des prédictions de Vanga, il a été dit: « Koursk ira sous l'eau ». Pourtant, ce nom a été utilisé pour désigner une ville en Russie et un sous-marin. Par conséquent, les gens ont immédiatement décidé que Vanga signalait des inondations mineures dans la ville et n'ont pas prêté beaucoup d'attention à sa prédiction.

L'homme s'est avéré incapable de développer même ces deux options. Tout le monde a compris cela lorsque la tragédie s'était déjà produite, pourtant, ils n'ont même pas pu sauver quelques personnes, car ils pensaient que rien de mal ne pouvait arriver au nouveau navire. Par conséquent, ils n'étaient absolument pas préparés à sauver l'équipage, tant ils croyaient au professionnalisme des gens eux-mêmes.

Quant à la croyance aux prédictions, alors pour changer la situation une seule foi d'une personne ne suffit pas, mais celle de beaucoup de gens, car une seule personne n'est pas généralement capable de résoudre la situation actuelle, qui demande d'y attirer des dizaines et des centaines de personnes. Supposons qu'un croyant a compris la situation avec le «Koursk» et a fait rapport au Ministère des situations d'urgence. Pour éviter le naufrage du Koursk, il était nécessaire d'attirer des dizaines de personnes dans la situation, mais si un message sur son naufrage possible parvient au Ministère des situations d'urgence chez les non-croyants dans la prédiction, alors aucune aide ne suivra. Le fait que l'homme n'a appris à prêter attention qu'aux événements qui se sont déjà produits et à les comparer avec les prédictions disponibles indique un faible développement de son intellect. Il est temps pour les gens de s'élever plus haut et de prendre toute prédiction au sérieux, car il vaut mieux, comme on dit, consacrer des efforts supplémentaires à se préparer au sauvetage plutôt que de ne pas réagir à la prédiction et, par conséquent, de perdre des dizaines de vies.

De quoi l'astrologue peut-il se tromper

Lecteur. Est-il possible, en utilisant les connaissances de l'astrologie, de déchiffrer les tâches de cette incarnation et les traitements karmiques de l'homme?

Réponse. Chaque individu a le droit de participer aux tâches communes de l'humanité, en résolvant ses propres problèmes particuliers. Les buts généraux, en tant que ceux plus globaux, peuvent être déterminés par le calcul astrologique, qui ressemblera à la possibilité de sa tendance générale du développement.

Pour les tâches particulières de la vie, qui incluent obligatoirement le traitement karmique, des options sont données dans le programme, de sorte que l'astrologue peut s'y tromper, puisque le choix est fait par l'homme lui-même.

Par exemple, un astrologue peut calculer la première variante du développement, et l'homme choisira dans son point de contrôle la quatrième variante de la situation générale. Il est impossible de calculer exactement les traitements karmiques parce que les dettes karmiques particulières chez l'homme sont associées au karma du pays et de la société, et donc le traitement particulier des dettes sera toujours associé aux énergodettes de ce peuple auquel il appartient.

Il est possible de déterminer la direction précise du développement chez les individus négatifs, car ils ne reçoivent qu'une seule variante de la progression. Mais ils n'ont pas de dettes karmiques, donc un astrologue, ne sachant pas s'il fait face à une personne positive ou négative, peut faire de nombreuses erreurs.

Ou viennent les âmes des astrologues après la mort

Lecteur. Je vais vous poser une question qui m'inquiète. Dans l'Inde ancienne, on croyait que les astrologues, les clairvoyants, les divinateurs vont à l'enfer après la mort. Dans l'Inde moderne, tout le monde choisit son époux/épouse à l'aide d'un astrologue. Pouvez-vous dire si les âmes des astrologues, des clairvoyants et des divinateurs vont à l'enfer? Si oui, pourquoi?

Réponse. Mais qui a prédit la venue de Jésus-Christ sur la Terre, si ce n'était pas des astrologues - les Rois mages? Ils ont été les premiers à prédire sa naissance par l'étoile de Bethléem, comme c'est écrit dans la Bible.

Dans les temps anciens, il existait de nombreuses déclarations qui sont mal interprétées par les gens en raison du niveau insuffisant de leur propre développement. Nous donnons des Nouvelles Connaissances, ce qui nous permet de comprendre que les astrologues peuvent être à la fois positifs et négatifs. Par conséquent, ceux qui sont positifs dans leurs actes iront à Dieu s'ils le méritent, et les négatifs - au Diable. Peut-être ce dernier a été interprété comme l'envoi de leurs âmes en enfer.

Le karma n'est gagné par un astrologue pratiquant que s'il prend de l'argent de son client. Si un astrologue n'est engagé que dans des calculs et des recherches théoriques, sans aborder le sujet de l'argent, c'est-à-dire sans servir les individus pour de l'argent, alors il ne gagne aucun karma, car il se développe dans des énergies négatives élevées. Il ne s'intéresse qu'aux Nouvelles Connaissances.

Ainsi, à partir de sa compréhension de l'astrologie, la partie négative de la matrice de son âme progresse sur des énergies négatives pures élevées. Ce qui prévaudra à la fin: la partie positive ou négative de l'âme, cela ne sera déterminé qu'au Jugement Dernier. L'homme va en Enfer pour de grands péchés, alors pourquoi y envoyer un astrologue? Il ne s'intéresse généralement qu'à la connaissance.

Il faut se rappeler que de nombreuses professions et sciences sur la Terre se développent sur des énergies négatives, mais cela ne signifie pas que l'homme appartient au Diable ou qu'il sera envoyé en Enfer pour se purifier. On envoie en Enfer seulement les âmes qui collectent des énergies négatives sales de faibles Niveaux du développement dans leur matrice, ce qui est associé à la violation des normes de base de la morale et de l'éthique, avec des crimes graves. Les gens, cependant, croient à tort que si une personne accumule des énergies négatives dans la matrice de l'âme, elle doit certainement aller en Enfer.

Nos Nouvelles Connaissances disent autres choses, qu'il existe des types d'énergies négatives hautes et basses. Les gens qui maîtrisent leurs Niveaux élevés progressent et gravissent les Niveaux de la hiérarchie, mais les gens qui accumulent des types d'énergies négatives faibles et sales peuvent simplement aller en Enfer pour se purifier. (Voir le livre «Les dernières informations sur le développement de l'âme». Il fait de nombreuses distinctions entre les énergies positives et négatives et indique quelles énergies* mènent où.)

Comment les signes sont envoyés aux gens. Jeux sur tablette

Lecteur. Mon mari adore les jeux sur tablette. Nous lui disons que ce n'est pas bon, mais il n'écoute rien, il y passe tout son temps libre, alors une fois, quand il n'était pas à la maison, j'ai pris la tablette et j'ai commencé à lire une prière, puis j'ai dit à la tablette de manière convaincante: « J'en ai marre de toi! » - et je l'ai posée sur la commode, qui se tient près du mur et au-dessus de laquelle il y a mes tableaux que j'ai dessinés.

Le même jour, le tableau le plus haut s'est tout à coup décroché et est tombé directement sur la tablette. Il y a eu un coup violent, ma peinture s'est brisée, et avec elle l'écran de la tablette s'est brisé aussi, bien qu'il fût très fort. La tablette est chère. Mon mari était mécontent, il a blâmé mes tableaux le lendemain et il m'a fait les enlever tous, en disant qu'ils avaient une mauvaise énergie, qu'il se sentait mal à cause d'eux. J'ai dû les enlever. Je ne pensais pas que tout coïnciderait: tout le mur était couvert de tableaux, mais seulement un tableau, le meilleur, a frappé la tablette. Maintenant, mon mari ne joue plus et j'ai caché la tablette. Mais j'ai une question: la prière peut-elle avoir un tel effet ou est-ce une coïncidence? Après tout, ma famille était contre ses jeux sur tablette. Il s'avère que le tableau a réalisé notre désir et l'a fait arrêter de jouer et de perdre son temps en vain.

Réponse. Ce n'est pas une coïncidence, mais l'effet de votre prière sur l'objet qui conduit l'âme de votre mari à la dégradation par la dépendance automatique au jeu. Vous avez perdu un tableau, mais vous avez arrêté la décomposition de l'âme de votre proche. Avec l'aide de la prière, on peut sauver l'âme de l'influence négative du Diable.

Les conseils des magiciens sont-ils bons

Lecteur. Les magiciens et les sorciers disent que l'homme qui a été désenvoûté ne doit jamais donner quelque chose de son domicile à autrui, peu importe comment on le persuade de prendre quelque chose. Quel est le contexte?

Réponse. Le fait est que quand on désenvoûte, les magiciens noirs utilisent souvent dans ce rituel des choses sur lesquelles on peut renverser les maléfices causés à l'homme, tout en lui disant qu'il doit lui-même donner cette chose à quelqu'un.

En règle générale, il existe une certaine période de validité de cette conjuration sur une chose, et si l'homme ne parvient pas à se débarrasser de cette chose dans ce délai et ne la transfère pas à un autre, le maléfice lui reviendra. Mais si la chose conjurée est transférée à un autre, celui reçoit également un maléfice.

Les magiciens positifs désenvoûtent d'une autre manière et ne renverse jamais le maléfice sur quelqu'un d'autre.

Il y a aussi un autre côté, qui est activement utilisé par les négatifs. Dans le rituel ci-dessus, le sorcier dit **secrètement** à l'homme de se débarrasser de la chose conjurée. Dans le même temps, on peut souvent entendre de la part des sorciers la condition inverse, c'est-à-dire on persuade l'homme désenvoûté de ne donner en aucun cas quelque chose de son domicile à autrui (ce que nous avons lu dans la question ci-dessus).

Ainsi, en avertissant les gens de ne pas prendre les choses

conjurées, le sorcier, pour ainsi dire, se déguise en un bon magicien positif qui se montre soi-disant préoccupé des gens. Mais en fait, il poursuit son idée sombre, dont nous discuterons ci-dessous.

Selon les lois Divines, l'homme doit toujours partager avec les autres tout ce qu'il possède, et nous le disons toujours aux gens. C'est ainsi que la gentillesse, la miséricorde, la générosité sont inculquées. En même temps, si on ne garde le sien que pour soi-même et ne partage avec personne, alors réfléchissons sur les qualités qui seront cultivées dans l'âme? C'est vrai, ce sont l'égoïsme, la cupidité, la dureté, et avec ça même les rudiments de la miséricorde et de la compassion seront éteints.

L'Hiérarque négatif en sera très content, car l'homme qui a un tel comportement se rapproche de lui. Ainsi, la personnalité paiera le magicien négatif et le Diable pour la rédemption du maléfice par la perte éventuelle de son âme. C'est ce que les négatifs veulent en revêtant le masque du positif.

Certains rituels des magiciens noirs sont spécialement conçus pour que l'homme accumule des qualités négatives en soi-même. Un magicien positif, en aidant les gens, ne prend rien, à l'exception des dons volontaires, et ne fourvoie pas les gens du chemin positif avec toutes sortes d'actes rituels.

Aider ou ne pas aider?

Lecteur. Comme il se dit: « N'aide pas quand on ne te le demande pas ». Beaucoup de gens le croient et le suivent. Ont-ils tort ou pas?

Réponse. C'est une illusion introduite par le Système négatif. Il faut toujours aider, que l'homme le demande ou non, parce qu'une personne timide ne demandera jamais rien. Nous, par exemple, on ne peut rien demander, même lorsqu'on nous demande: de quoi avez-vous besoin? Nous répondons toujours - merci, rien. Nous ne sommes pas à l'aise pour parler de nos besoins.

Les gens eux-mêmes doivent apprendre à déterminer ce que l'homme nécessite dans telle ou telle situation, et donc à aider. Par conséquent, si vous n'aidez que lorsqu'on vous demande, il s'avère que les gens n'aident que ceux qui sont capables de demander. Mais c'est seulement ceux qui sont arrogants, impudiques, ont un minimum de conscience, sont impudents, frivoles et impertinent qui peuvent demander. Selon cette règle des sombres, les gens ne peuvent soutenir que ceux qui, selon toutes les caractéristiques qualitatives, suivent déjà la voie anti-divine du développement. Et alors les modestes, qui ne peuvent pas demander, doivent périr sans aide? Il ne faut même pas demander de l'aide. Si vous découvrez qu'une personne s'est trouvée dans une situation difficile, agissez immédiatement et n'attendez pas d'être autorisé à participer à l'assistance. Il est nécessaire d'aider les modestes en besoin, et les arrogants, comme on dit, feront leur chemin eux-mêmes.

Aide désintéressée

Lecteur. Chers messagers, si on vous aide de manière désintéressée, que ce soit matériellement ou en distribuant votre littérature, l'énergie lumineuse pénétrera-t-elle dans les couches subtiles et cellules de la matrice de l'âme? Je doute seulement que si on vous aide par motif et par calcul afin de gagner une faveur spéciale d'en Haut (par exemple, avec l'espoir d'entrer dans la Sixième Race à coup sûr), alors quel genre d'énergie se gagne-t-on? On a envie d'aller plus loin dans le développement malgré tout.

Réponse. Les aspirations positives vers l'Élevé ne sont pas mercantiles, mais un but qui motive le développement personnel, ce qui est un désir naturel de chaque homme. Si une personne a un but clair, qu'elle va réaliser par des actions lumineuses, alors, naturellement, les énergies lumineuses entreront également dans l'âme, mais sur un Niveau moins élevé que celui du service désintéressé. Les énergies lumineuses les plus élevées seront données pour une aide désintéressée.

Peut-on transmettre son énergie en faveur d'une autre personne

Lecteur. Vous avez répondu une fois que si on lit vos Nouvelles Prières en faveur des autres, cela ne donnera presque pas de l'effet désiré. Parce que chaque personne a besoin de comprendre les Nouvelles informations qu'elles contiennent aussi bien que les livres. Mais vous mentionnez également que chaque individu a son propre égrégore personnel sur le plan subtil. Mais si on essaie le suivant: allumer une bougie de l'église, dire que l'énergie de la prière est donnée à l'égrégore du tel ou tel personne nommée, alors peut-on au moins remplir l'égrégore d'une autre personne? Juste pour aider quelqu'un de cette manière? Ou peut-on demander à son Déterminant pour qu'il aide à envoyer de nouvelles énergies au destinataire indiqué ou à son égrégore? En effet, s'il n'y en a qu'un millier qui ont accepté le Nouvel Enseignement, alors c'est très peu. Que diront les Supérieurs?

Réponse. Il est possible de transférer de l'énergie au nom d'une certaine personne, comme vous avez indiqué. Pourtant cette énergie ne sera utilisée que pour aider dans certaines situations ou pour renforcer sa santé. Cependant, elle ne contribuera pas à l'augmentation de l'âme de cette personne, car elle ne passera pas par sa conscience, sur laquelle il doit travailler lui-même. Se développer, c'est apprendre à comprendre ce qui se passe autour de soi, à apprendre à travers sa propre expérience de vie.

Quand on ne voit pas de l'aura

Lecteur. Y a-t-il des raisons pour lesquelles l'aura de l'homme ne peut pas être vue et comment cela affecte l'homme lui-même?

Réponse. Tout dépend des capacités du clairvoyant et du degré du développement de l'homme. Si un individu ne fait rien et mène une vie vide, alors sa couche astrale peut ne pas être remplie (mais elle est toujours là). Le clairvoyant peut ne pas la voir. Si un homme est gravement malade, la couche peut diminuer, étant située à une distance de 3 à 5 cm du corps physique, et alors pas tous les voyants peuvent la voir.

De quoi dépend le degré de la précision des prédictions

Lecteur. Y a-t-il une différence entre les prédictions du destin données par un individu positif et celui négatif?

Réponse. Le degré de la précision dépend de la capacité de l'homme lui-même, de son zèle et de sa responsabilité de ce qu'il dit. S'il maîtrise bien une méthode de la prédiction, il fera tout de même des erreurs à certains endroits du programme, en particulier dans le destin d'un individu positif, où l'homme fait son choix. Dans chaque programme des gens de Dieu, il y a jusqu'à trois voies du développement ou plus, et aucun prédicteur (et même l'homme lui-même) ne peut prédire ce qu'il choisira lorsqu'il arrivera à son point de contrôle, puisque ce Choix peut être momentanée, c'est-à-dire dépendre des éclairs des sentiments de cet homme. Des prédictions précises ne peuvent être faites qu'à des endroits du programme où il n'y a pas de choix ou le choix a été déjà fait. Tout cela concernait une personne positive.

Si on fait des prédictions pour un individu négatif, on peut obtenir une plus grande précision (jusqu'à 80%), car un tel individu a un programme linéaire à une variante. Il est plus facile de pratiquer la chiromancie. Aucune personne sur Terre n'a encore donné 100% de précision dans ses prédictions.

Biolocalisation

Lecteur. Est-il possible de déterminer à l'aide des méthodes de la biolocalisation si l'homme appartient au Système positif ou négatif, le Niveau de la hiérarchie terrestre sur lequel il se situe, le nombre de dettes karmiques, de péchés et de vices ?

Réponse. Ce n'est pas possible pour un homme moderne. La pratique de la vie a montré que, dans la plupart des cas, un cadre ou une pendule se plie au désir et à l'opinion de l'individu entre les mains duquel ils se trouvent. Par conséquent, ils passent souvent le Haut pour le Bas et vice versa. Les dettes karmiques ne sont jamais exprimées en quantité, leur indicateur principal est la qualité de l'énergie produite par l'homme sur le Niveau requis par le programme et la qualité des cellules construites dans la matrice.

Même les Supérieurs doivent produire des inventions techniques spéciales pour déterminer ces indicateurs. Par conséquent, après la Cour Suprême, l'âme passe par un appareil technique spécial qui examine les cellules de l'âme et révèle lesquelles d'entre elles ne sont pas terminées, lesquelles doivent être nettoyées des énergies inutiles, etc. La solidité de la structure est vérifiée. Tout cela est nécessaire pour la compilation des programmes suivants.

Pourtant cet appareil est réglé pour travailler avec des énergies subtiles encore inconnues de l'homme et qui n'ont pas été étudiées par lui. Toutes ses mesures avec des cadres, des pendules sont conditionnelles, bien qu'elles soient importantes pour l'individu lui-même, car c'est son Maître Céleste qui aide l'homme à recevoir des données. Et ces données permettent à l'élève de faire des comparaisons relatives et d'obtenir certaines conclusions pour soi-même. A ce stade du développement, cela suffit.

Illusion de la matérialisation

Lecteur. J'ai vu dans le cirque comme les gens et les choses apparaissaient de nulle part chez les illusionnistes. Possèdent-ils de la technique pour les matérialiser?

Réponse. Les illusionnistes montrent des tours de magie, aucun d'entre eux n'a encore maîtrisé la matérialisation. C'est une science que le développement de l'humanité n'a pas encore atteinte. Mais les illusionnistes peuvent utiliser un équipement spécial qui reproduit les hologrammes et aide à créer une illusion de la matérialisation.

Dans le futur également, aucun de la 6ème race ne sera pas capable de matérialiser une personne, puisque cela ne correspond pas aux plans des Supérieurs. Et puis, sur la base des informations que nous avons déjà reçues, on peut comprendre à quel point toute création de quelque chose de matériel est difficile. Même un enfant est formé, est matérialisé dans le corps d'une femme pendant 9 mois. Et là, en elle, tout cela se produit selon les lois physiques et biologiques strictement spécifiques du monde terrestre. Ainsi, en s'appuyant même sur cette connaissance, on peut comprendre à quel point il est difficile de former un corps matériel d'une personne.

Pourtant, la création des images holographiques est une autre chose. Les gens ont déjà créé des appareils pour cela, et avec leur aide, ils parviennent à «matérialiser» les images et les personnes elles-mêmes, y compris des acteurs connus. Mais ils sont tous artificiels et disparaissent immédiatement lorsque l'appareil est éteint. Cependant, c'est déjà le premier pas vers la matérialisation des objets par les gens. Cette branche du progrès technique doit continuer à se développer.

Une possession de l'élève et le Déterminant

Lecteur. Est-il possible d'aider un parent possédé; et si oui, comment? Si une possession n'est pas prédéterminée par le programme de l'homme, comment les parents du possédé peuvent-ils correctement exécuter le programme, si le possédé a un impact émotionnel et psychologique constant sur eux? A condition de la possession de l'homme, le Déterminant prend-il des mesures non standard par rapport au possédé et ses proches?

Réponse. Une possession est toujours un phénomène très

désagréable, dont de nombreuses personnes souffrent ces derniers temps.

Il est possible d'aider le possédé, mais cela demande beaucoup d'efforts. Il y a des ecclésiastiques spéciaux qui pratiquent cela. (Par exemple, à Sergiev Posad et ailleurs.)

Une possession est programmée comme une maladie pour les jeunes âmes et les âmes sujettes à la dégradation. Bien sûr, tous les membres de la famille sont impliqués dans un tel programme familial. Par le Haut*, on essaie également de leur apprendre beaucoup. La tâche des proches est de trouver un tel prêtre (et ne pas se tourner vers des escrocs) qui sera capable de supprimer la possession. Puisque le possédé est lié aux autres membres de la famille par certaines relations, leur programme comprend également le travail avec lui (avec sa possession). Ils sont élevés dans certaines qualités par des situations similaires.

Une fois que le prêtre a expulsé une essence* (les gens l'appellent un démon), il est nécessaire de travailler avec cet homme pour augmenter son énergopotentiel total de l'âme. Les proches ont besoin de lire les prières en sa présence, et mieux encore, quand elles soient lues par l'ancien possédé.

On peut lire nos livres, car ils contiennent de l'énergie augmentée et contribueront également à la croissance d'énergopotentiel de l'âme. Il est très bon de lire « Les Lois de l'Univers » (en donnant autant que possible des explications au malade). Comme les Lois portent une puissance énorme, l'homme est bien rechargé par elles, son énergopotentiel total commence à augmenter progressivement.

Il est bon de lire le livre des Lois en présence d'un ancien possédé et d'observer sa réaction. Si l'essence l'a complètement quitté, il sera calme pendant la lecture ou s'endormira. Mais si l'essence continue de le posséder, elle se manifestera définitivement à nouveau. Alors il faudra répéter la visite chez le prêtre, pourtant l'auto-expulsion de cette essence peut également se produire. Incapable de résister aux puissantes énergies des Lois, l'essence quittera le corps du possédé elle-même. (Un jour un homme nous a écrit: étant aussi possédé, il a commencé à lire le livre « Les Lois de l'Univers » et a senti une fois que cette essence l'a laissé, incapable de résister à la puissance de leurs énergies. Mais même après cela, il a continué à lire les Lois, parce que l'essence tentait de revenir. Cet homme a décrit son cas un an plus tard, et pendant tout ce temps, tout seul, il maintenait la pureté de son corps et de son esprit. Il a également dit qu'en même temps il était adhéré principalement à un régime de fruits et légumes.)* Pourtant, il faut noter que l'automédication est une chose très difficile. Même si, comme on peut le voir, tout est possible quand on le souhaite. Et si les proches aident, cela leur permettra à tous de sauver leur proche plus facilement. Alors, on vous a proposé deux options pour battre la possession: à l'aide d'un ecclésiastique et à l'aide de la lecture des « Lois de l'Univers ». On peut combiner ces options.

Quant au Déterminant du possédé, Il ne prend généralement aucune mesure pour le guérir, puisqu'il s'agit d'un programme auquel l'élève doit passer lui-même à travers certaines situations karmiques. Cependant, le Déterminant indique à son élève ou à ses proches comment la battre, à quoi faire attention. Des signes peuvent provenir des rêves des autres personnes ou de certaines informations apparues sur l'écran de la télé, prononcées par les gens de connaissance, etc. (Le fait qu'on vous a contacté signifie que vous avez utilisé l'impulsion reçue de votre Déterminant.)

Comment le Déterminant nourrit son élève dans le bâtiment à plusieurs étages

Lecteur. J'ai lu dans vos livres que nos Déterminants nous rechargent pendant nos rêves. Il s'avère que l'énergie descend d'en Haut, et nous sommes rechargés? Mais si l'homme habite dans un bâtiment à plusieurs étages, où il y a beaucoup de monde? Comment se passe la recharge dans ce cas? Laissez-moi vous expliquer : un homme se couche sous un autre à des étages différents, n'est-il pas possible que les énergies s'entremêlent, car chaque Déterminant nourrit son disciple? Alors celui qui dort le plus haut reçoit des énergies de plusieurs personnes à la fois? Ou, si je comprends bien, les énergies des gens sont différentes et dépendent du signe du zodiaque, mais que se passe-t-il si un accident se produit: les gens des mêmes Systèmes et signes se trouvent sous le même courant?

Une autre question, des essences différentes peuvent-elles voler cette énergie pendant la descente?

Réponse. Chaque homme est relié à son Déterminant par un canal énergétique spécifique, une sorte de fil, appelé le «fil d'argent» ou «fil de vie» dans l'ésotérisme. Puisque ce détail de la structure appartient au plan subtil, il ne peut être coupé, brûlé ou détruit d'aucune manière.

Seul le Déterminant a le droit de déconnecter l'âme des couches de l'homme. A travers ce «fil d'argent», chaque nuit le Maître Céleste envoie à son élève (et parfois pendant le repos et le jour) de l'énergie du type dont il a besoin pour les situations du jour à venir.

En termes de qualité de la matière subtile, tous ces fils sont tels qu'ils ne se croisent pas, comme des cordes ou des fils métalliques, ne s'emmêlent pas et passent librement à travers des objets physiques, comme si c'était l'air, sans nuire à leur structure.

Ainsi, chaque élève est alimenté en énergie de son propre type, et on en donne dans une quantité strictement définie. Aucune autre personne ne pourra jamais intercepter l'énergie transmise par le fil de quelqu'un d'autre, elle n'utilisera que la sienne, puisque l'âme humaine ne peut maîtriser ces technologies des Supérieurs que dans la hiérarchie de Dieu (les gens ne peuvent être nourris que par l'énergie traitée par une personne et située dans les couches temporaires). Par conséquent, la structure à plusieurs étages n'empêche pas une personne de recevoir son énergie dans la qualité et la quantité requises.

Acquisition des qualités

Lecteur. Question sur la conscience. Lorsque des qualités instables quittent la matrice de la Conscience, cela se produit automatiquement au cours de la vie (si je comprends bien). Qui, comment et quand collecte cette énergie et à quoi peut-on l'utiliser? Contient-elle des données sur l'homme ou est-elle nettoyée?

Réponse. Toutes les qualités instables sont collectées automatiquement par le Déterminant, puisqu'Il a une connexion directe avec son élève. Toute énergie reçue des hommes est purifiée et mise aux normes des indicateurs.

Après le décès de l'élève, le Déterminant rend compte aux Supérieurs (Fondateurs) de ses coûts énergétiques et ses bénéfices. Il y a des normes, combien il peut prendre pour lui-même, et combien il doit transférer ci-dessus. C'est juste avant le transfert de l'énergie qu'elle se purifie. Ce n'est pas le Niveau des hommes, donc tout est fait honnêtement.

Augmentation du Niveau des connaissances avec une mauvaise mémoire

Lecteur. Dans vos livres, vous écrivez que l'homme doit constamment acquérir des connaissances et le Niveau des connaissances acquises sera évalué après la mort par les Maîtres Supérieurs, qui ont besoin de spécialistes dotés de connaissances approfondies et polyvalentes. De plus, en répondant aux questions, vous avez dit un jour que « ceux qui ont accumulé peu de connaissances en médecine ne seront pas admis dans le Système Médical, c'est-à-dire que le Système Médical a besoin de bons spécialistes hautement qualifiés du plan Terrestre ». Mais les connaissances sont constamment améliorées, le point de vue des scientifiques change, et, par conséquent, celui de tous les autres, dans tout domaine de la connaissance. Par exemple, la médecine. Une grande partie de ce qui était considéré correct il y a cent, deux cents, trois cents ans, du point de vue d'un médecin moderne, provoquera un sourire sceptique. Là encore, le volume de connaissances utilisées est en constante augmentation, ce qui conduit à une spécialisation croissante. Si auparavant les mêmes médecins rasaient les barbes et arrachaient les dents, alors maintenant l'avenir appartient à des médecins « spécialisés », parce que l'homme (sans parler des génies) ne peut pas tout savoir à un niveau suffisamment profond. À l'époque soviétique, il y avait même une blague « un spécialiste à profil large avec des connaissances étroites ». Dites-moi, s'il vous plait, comment pensez-vous que l'homme ordinaire devrait faire avec toute cette avalanche d'informations dans tous les domaines de la connaissance, car il est tout simplement physiquement impossible de tout lire. Par exemple, pour moi, j'ai une telle mémoire que j'oublie simplement tout ce que je n'utilise pas dans mon travail ou ma vie, seuls les concepts généraux subsistent.

Réponse. L'essentiel est d'avoir de la curiosité, de montrer aux Supérieurs que vous vous intéressez à beaucoup de choses et que vous voulez devenir un bon spécialiste au fil du temps. Les Supérieurs prendront en compte cette inclination principale de l'âme - le désir de connaître le monde environnant. Bien que de nombreuses jeunes âmes aient une mémoire faible, un apprentissage constant des nouvelles informations élargit la perspective générale de l'homme et forme sa vision. Cela ne concerne pas la condition de la mémoire, mais forme une qualité particulière pour comprendre de nombreuses innovations dans leur perspective du développement et en conjonction avec des autres connaissances. Par la suite, les qualités de la présence d'une vision du monde générale contribueront à l'approfondissement et à l'expansion de la mémoire de l'homme. Par conséquent, même des informations méconnaissables vous aideront à acquérir dans l'avenir des points supplémentaires, en vous permettant ainsi de passer à la future race.

Ce que signifie le terme « supériorité »

Lecteur. J'ai des questions sur la « Loi de la différence significative ». Vous écrivez: 1. « Le but de la loi de la distinction est d'atteindre un état qualitatif idéal d'un Volume donné pour recevoir la supériorité sur toutes les autres Substances sur le Niveau donné, progressant aux Niveaux inférieurs de la Hiérarchie » («Lois de l'Univers », volume 1). Qu'est-ce que ça veut dire? Que les gens doivent se développer pour atteindre la supériorité sur les autres, qui sont plus bas sur le Niveau du développement? Mais pourquoi atteindre la supériorité sur les autres? Est-ce un bon stimulus pour l'homme? Ou doit-on comprendre que cela concerne le développement de la loi elle-même, de son Volume? Pour que la Substance de la loi atteigne la supériorité sur les autres Substances? Mais également, on ne comprend pas à quoi bon cette supériorité? Après tout, c'est une chose d'être conscient de la supériorité, et une autre chose de lutter pour la supériorité...

Réponse. Le terme « supériorité » ne doit pas être compris dans le sens bas de l'arrogance sur celui qui est inférieur, mais dans le sens supérieur, défini comme la noblesse d'un maître qui a un plus grand volume de connaissances et veut les partager avec celui qui est inférieur ou l'aider dans quelque chose.

L'acquisition de toute nouvelle propriété paranormale, qualité absente chez les autres, ne devient une supériorité qu'en termes quantitatifs, mais en termes moraux, cette supériorité doit contenir le désir de l'individu d'entraîner le subordonné avec lui, tout en lui donnant un exemple de la possibilité de réaliser quelque chose de nouveau, qui surpasse tout l'autre en beauté et en puissance de manifestation. Et, encore une fois, dans ce processus de communication entre le supérieur et l'inférieur, le concept de supériorité devrait exclure toute arrogance, fierté et suffisance. La compréhension par un élève de la supériorité de son maître doit évoquer en lui (chez un élève) un éveil naturel du respect envers lui et de l'obéissance. Et la compréhension de sa supériorité par un maître devant son élève doit éveiller en lui (chez un maître) la condescendance à ses erreurs, sa patience et son amour.

Pour une personnalité positive, toute vanité, arrogance, une sorte d'exploitation égoïste d'un étudiant pour le fait qu'il ne réussit pas quelque chose est inacceptable. Et ceux qui suivent le chemin négatif utilisent simplement toute leur supériorité comme un moyen d'humilier encore plus les inférieurs et de s'exalter au maximum. Autrement dit, pour comprendre n'importe quelle partie de la loi, il est nécessaire, avant tout, de considérer le côté moral du développement humain.

L'homme est habitué à comprendre le mot «supériorité» comme un concept négatif, qui n'attire dans le comportement individuel que des traits personnels négatifs. Finalement, le terme «supériorité» se transforme en un faux concept et est perçu comme négatif. Par conséquent, de ce point de vue, il est entendu que lorsque l'homme accomplit dans sa vie quelque chose de plus grand par rapport aux autres, commence à les surpasser en intelligence, en connaissances, qualités ou capacités, alors obligatoirement on témoigne la manifestation des qualités négatives qui l'accompagnent, telles que: orgueil, arrogance, fierté, pompe, exaltation égoïste de soi-même, manque du respect et humiliation d'autrui, moqueries sur les subordonnés, etc.

Le concept de supériorité est associé à ces qualités, en rendant ce terme négatif, ce qui est faux, car tout cela est négatif. L'homme oublie la personnalité positive et ses qualités. Quand c'est elle qui atteint la supériorité en quelque chose sur les autres, alors au lieu de l'orgueil, elle éprouve de la joie, qu'elle est prête à partager avec un autre; au lieu de la pompe, de l'exaltation de soi et de l'arrogance, elle a le désir d'apprendre la chose qu'elle a accomplie à son subordonné, elle veut conduire les autres avec elle, etc.

Dans l'immensité de l'Univers, pour les Personnalités supérieures, par exemple, de la hiérarchie de Dieu, ce terme prend une base positive encore plus grande, car dans Ses mondes, tous ceux qui surpassent les autres travaillent pour les inférieurs, en créant des connaissances et des moyens du perfectionnement sur la base de leurs réalisations pour permettre à chacun de se développer et de surpasser les autres en quelque chose à sa manière, afin de multiplier la variété des qualités de progression et les possibilités d'augmenter les énergopotentiels.

La **supériorité** est un élément de l'augmentation du potentiel* par la création de quelque chose de nouveau. Et c'est la chose principale dans ce terme dans les volumes mondiaux de Dieu. Pour cela, une Loi correspondante a été introduite.

Éducation. Goût de de l'homme

Lecteur. Si une personne aime s'habiller d'une manière élégante - est-ce son goût personnel ou, peut-être, cela arrive-t-il par hasard en raison du fait que sa personnalité elle-même est brillante et que tout lui va bien?

Réponse. Si vous voyez qu'un homme a un goût raffiné, cela signifie qu'au cours de ses incarnations, il a réussi à accumuler des connaissances cohérentes, qui se manifestent dans une beauté extérieure proportionnelle, donc il lui est facile de choisir les vêtements qui lui vont et à la mode en même temps.

Le concept de «bon goût» a été développé au fil de nombreuses incarnations. Le plus souvent, ce sont les accumulations personnelles de l'âme d'une personne qui n'est pas indifférente à son apparence, elle est observatrice et apprend elle-même à s'adapter aux tendances de la mode afin de se donner de beaux traits.

Bijouterie, est-ce un excès?

Lecteur. Ils disent que l'homme ne doit pas tourner à l'excès. Alors que faire à une femme si elle aime les bijoux? Elle a 3-4 boucles d'oreilles? Sera-t-elle punie pour cet excès?

Réponse. Une femme doit être soignée et belle à mesure de ses moyens et capacités, donc elle peut bien avoir une certaine quantité de bijoux (jusqu'à 10). Par conséquent, vous pouvez vous en acheter plus, car de cette manière, vous développez votre goût esthétique. Il n'y aura pas de dettes dans ce cas, sauf si, bien sûr, vous ne dépensez pas le dernier argent de la famille ou les fonds mis de côté pour les études de votre enfant, pour la restauration de la santé des parents ou une autre sorte d'aide. Ici, on suit les normes morales de la société, et de leur point de vue, il est nécessaire de prendre en compte toutes vos dépenses.

Par exemple, au lieu de donner de l'argent à votre père pour acheter un appareil auditif, vous vous êtes acheté un bijou. Ce serait déjà une violation, punissable dans le futur selon les lois karmiques. De même, si vous vous achetez un bijou au lieu d'apprendre à votre enfant à dessiner ou à jouer d'un instrument musical, ce serait une violation. Tout d'abord, vous devez demander à l'enfant s'il veut apprendre quelque chose de plus, vérifier s'il a des capacités et essayer de les développer davantage. C'est là que le désir principal de l'enfant se manifestera - soit il aura envie d'apprendre, soit il ne voudra pas apprendre. Autrement dit, cela peut leur donner une idée de leur propre programme. Et il est préférable d'écouter le désir de l'enfant et de réfléchir sérieusement à quoi dépenser de l'argent.

Le principal devrait être le développement de l'âme d'une personne – celle de l'enfant ou de la vôtre, ainsi que l'aide aux autres avec des moyens matériels. Par conséquent, les normes morales doivent être étudiées et utilisées pour s'orienter bien dans ce qui est bon pour l'âme et ce qui ne l'est pas. Dans le même temps, il ne faut pas oublier que le temps perdu peut entraîner des énergodettes, il est donc préférable d'apprendre quelque chose d'utile pour vous-même ou de l'apprendre à votre enfant. Toute connaissance et toute capacité peuvent un jour être utiles à l'homme et se transformer en une sorte de superpuissance.

Autrement dit, vous avez une autre bonne variante ici - vous pouvez ne pas dépenser d'argent pour acheter des bijoux, mais apprendre à les faire vous-même, car, par exemple, pour les bijoux il y a un vaste domaine de possibilités de leur création à partir de différents types de matériaux : coquillages, tissus, bois, fleurs séchées, perles, etc. Dans ce cas, vous commencerez à vous développer dans une direction artistique et votre âme sera satisfaite de la beauté de ce que vous inventez vous-même.

Chapitre 6
SANTE. MEDECINE

Si une musique basse est utile

Lecteur. Dans notre monde terrestre, il y a ce qui est sublime et ce qui infime. Vous citez, en particulier, un exemple d'un musicien qui peut choisir le sublime – la classique et l'infime – le rock. Pourtant, j'aimerais connaître votre opinion: si tous les musiciens ne choisissaient que la musique classique, c'est-à-dire le sublime, alors le monde de la musique ne s'appauvrirait-il pas dans sa diversité? Bach et Beethoven sont merveilleux, mais parfois le vice de découragement ne peut être guéri que par des chansons amusantes de « Sector Gaza » ou de « Moisi Rouge ». Parfois même, dans certaines paroles des chansons rock, on retrouve un sens élevé. Par exemple, dans la chanson « Brouillard » du groupe « Sector Gaza », il y a les lignes suivantes: « Et où aller - Dieu montrera le chemin. Dieu est toujours pour nous un leader désincarné ». À mon avis, ce sont des mots merveilleux provenant de l'âme humaine.

Dans vos livres, il est dit que le développement de l'homme est contrôlé par le Haut: on lui en donne des objectifs pour la prochaine réincarnation, en les inscrivant dans le programme de l'incarnation actuelle. Dans l'une des chansons du groupe « Kino », il y a de telles lignes: « Entre la Terre et le ciel, c'est une guerre. Où que tu sois, quoi que tu fasses – c'est une guerre entre la Terre et le ciel ». C'est-à-dire, on peut le comprendre du point de vue ésotérique: le ciel – ce sont les Supérieurs, la Terre est l'humanité, embourbée dans les péchés et les vices. Les Supérieurs luttent avec zèle pour illuminer les esprits et les âmes des gens, qui ne veulent pas écouter leurs Créateurs du Monde Subtil. Après tout, le punk rock primitif peut-il (ou non) apporter quelque chose d'utile à la civilisation humaine? En outre, après tout, votre jeunesse est également passée avec les chansons de Viktor Tsoï si adorées par le peuple? Et vous les avez probablement aussi écoutées à la radio? Quelle est votre opinion?

Réponse. Tous les musiciens ne peuvent pas choisir simultanément de la haute musique pour la raison que, premièrement, le développement a la capacité de se perfectionner progressivement dans la qualité. Par conséquent, la qualité d'un musicien sublime se construit progressivement d'une incarnation à l'autre en fonction de ses Niveaux musicaux. A cause de cela, une vie rassemble des musiciens de Niveaux différents, donc ils ne peuvent pas aimer le même genre, puisque chaque genre correspond fondamentalement à son Niveau dans la hiérarchie de l'art musical.

Comme les gens n'ont pas le même Niveau du développement, ils ne peuvent pas aimer les mêmes choses. Chacun aime ce qui correspond exactement au degré de son développement. Si maintenant peu de gens s'intéressent à la classique, cela suggère que pour le moment, peu d'âmes ont atteint dans leur perfectionnement le plus haut Niveau de l'éducation musicale et ont développé un goût correspondant.

Les âmes basses* ne peuvent pas apprécier et comprendre la haute musique. Par conséquent, afin de susciter un intérêt initial chez eux, les Maîtres Suprêmes ont décidé de créer une musique qui résonne avec les fréquences de leurs âmes, à la suite de quoi nous avons: rock, métal, rap, alternative, R'n'B, techno, jazz, etc. Une jeune âme doit construire des qualités allant des faibles vibrations aux fortes vibrations selon les fréquences. Lorsqu' une telle cellule est remplie au-dessus du milieu, alors l'âme commencera également à accepter la haute musique.

Les causes des maladies oncologiques à la fin de la 5ième race

Lecteur. Il serait intéressant de savoir si vos livres disent qu'à travers le cancer, les Supérieurs testent la chair humaine pour cultiver du matériel stable pour la 6 race. À cet égard, la question: le cancer ne frappe-t-il que strictement selon le programme (karma), ou y a-t-il ceux qui tombent accidentellement sous la «main» au nom de la future nation? Bien qu'il soit difficile d'y croire avec la puissance de Leur esprit et calculs, tout de même l'environnement et les conditions de vie changent constamment.

Réponse. Les gens souffrent de l'oncologie pour les raisons suivantes:

1) ils doivent travailler sur le karma individuel habituel;

2) les maladies cancéreuses ferment le karma de la famille et

mettent fin au clan lui-même, comme ayant rempli sa mission;

3) sur certaines âmes élevées, dont le potentiel de matière est supérieur à la moyenne, les cellules cancéreuses sont spécialement cultivées pour la biomatière de la 6ième race, qui devrait avoir un énergopotentiel plus élevé;

4) certaines âmes ont progressé avec succès au cours des années de la restructuration, ayant considérablement élevé le Niveau de leur biomatière. De telles personnalités sont intéressantes pour les Supérieurs, et ils peuvent également leur inoculer une telle maladie à titre expérimental. La poursuite de la lutte acharnée de cette personne contre la maladie contribuera à la fois à l'augmentation du potentiel des cellules et à la prolongation de sa vie. Les Supérieurs sont intéressés à savoir dans quelle mesure l'homme peut augmenter son énergopotentiel grâce à la lutte contre la maladie. En récompense de la souffrance et surtout pour de bons résultats, Ils peuvent récompenser l'homme par une prolongation de sa vie.

Médicaments

Lecteur. Vous écrivez que l'usage de tous les médicaments et vitamines artificielles raccourcit la durée de vie. Quels mécanismes déclenchent-ils, physico-chimiques ou subtils? Si possible, entrouvrez ce sujet.

Réponse. Les médicaments modernes lancent des processus physico-chimiques et utilisent les énergies des plans physique et éthérique.

Lecteur. J'ai mal à la tête presque tous les jours, et parfois un tintement peut apparaitre dans une oreille, puis dans l'autre. Cela dure presqu'un mois maintenant. Auparavant, ce n'était pas pareil, et tout semblait bien avec la santé, jusqu'au mois de décembre. Des choses étranges m'arrivent. Soit une dispute avec quelqu'un, soit une offense de la part de quelqu'un, soit des difficultés avec des collègues. J'ai déjà compris que le tintement d'oreilles est un avertissement de mon Déterminant sur de mauvaises nouvelles à venir. Mais le mal de tête pourrait-il avoir quelque chose à voir avec mon Déterminant? Récemment, dans un rêve, Il m'a battu et s'est présenté comme mon ange. Il a dit que je ne l'avais pas écouté ces derniers temps et que j'avais quitté le chemin normal. Il a pris l'apparence d'un homme plus âgé et était en colère avec moi. Après m'avoir battu, il a disparu dans l'air. Je ne comprends pas ce qui se passe avec moi.

Réponse. La plupart des gens souffrent maintenant de maux de tête dus aux changements d'énergie dans les structures de la Terre (il y a souvent des explosions d'énergies de l'intérieur de la planète qui ne sont pas de la qualité à laquelle l'homme était auparavant habitué), de plus, l'activité solaire a augmenté. Il y a une transition quantique de la planète vers un Niveau supérieur, et cela est également associé à un changement des processus énergétiques dans le monde physique. Votre corps ne peut pas tout simplement faire face à toutes ces surcharges. Reposez-vous plus, regardez de vieux films relaxants, ils portent de la même énergie qui vous calmera.

Quant au Déterminant, Il a parfaitement le droit de vous enseigner dans vos rêves. Vous devez analyser votre comportement et essayer de revenir au mode de vie lorsque vous aviez des rêves normaux. Le cas échéant, engagez-vous au travail créatif, comme la broderie, etc.

Transplantation d'organes

Lecteur. Je voudrais ajouter à la question de la transplantation d'organes. Selon les auteurs, l'âme est éternelle et individuelle. Mais j'ai regardé une émission sur les gens qui avaient subi une transplantation d'organes ou des transfusions sanguines, et en conséquence, ils ont commencé à manifester des qualités de caractère qu'ils n'avaient pas auparavant. Par exemple, le désir de faire les choses que cette personne ne faisait jamais avant l'opération, ou si quelqu'un était sérieux, mais est devenu humoriste, comme la personne dont les organes ont été transplantés; alors il n'est pas clair quelle âme est dans cette personne avec des organes transplantés. Après tout, une personne a commencé à faire preuve de nouvelles qualités, alors elle a une partie de l'âme du donneur? Mais que faire avec la théorie selon laquelle l'âme est éternelle et individuelle? Il s'avère qu'on peut prendre une partie de l'âme et l'ajouter à un autre de manière médicale?

Réponse. Avec l'incarnation, l'âme se voit attribuer un type de caractère, elle s'attache donc aux signes du Zodiaque, qui contrôlent les qualités de l'âme, et sont dotés de types de caractères tels que sanguin, flegmatique, colérique et mélancolique. Ce ne sont pas des qualités acquises, mais définies par le programme.

Chaque organe et sang a un programme séparé qui est lié au

programme principal de l'homme, ils sont donc des porteurs physiques du type de caractère de leur propriétaire, c'est-à-dire que la composition physique du sang et la structure de chaque organe s'adapteront chimiquement et physiquement au type de caractère de l'homme.

La composition chimique et physique du sang et des organes sera différente chez un humoriste et un pessimiste, et l'âme n'y est pour rien. Si on change leurs programmes, alors l'âme de l'ancien pessimiste acquerra de l'humour et l'ancien humoriste deviendra pessimiste. Si on supprime les programmes de vie des deux, alors les âmes deviendront sans émotion (elles ne seront pas influencées par les signes du Zodiaque et les types de caractères des âmes terrestres), mais l'individualité des âmes persistera, puisqu'elles se sont développées de différentes qualités au cours des incarnations précédentes.

Pour comprendre cette question, il faut en savoir plus sur la structure physique et chimique de l'homme, associée à ses types de caractères et aux signes du Zodiaque. Cette question est à peine étudiée par les gens. Ainsi, votre question n'est pas liée à l'influence de l'âme sur le corps et vice versa, mais à l'influence de la composition de la base physique et chimique du sang et de l'organe transplanté, ainsi que de leurs programmes sur le nouveau corps.

Couches des organes à la transplantation

Lecteur. Maintenant, certaines personnes ont des organes transplantés par d'autres gens. Même une transplantation de la tête humaine est déjà prévue. Qu'est-ce qui se passe avec des structures subtiles des organes humains dans ces cas? Et surtout de la tête? Après tout, les médecins terrestres ne voient pas de structures subtiles et la plupart ne croient même pas en leur existence. Si je ne me trompe pas, alors dans l'un de vos livres, il est écrit que l'âme humaine est située dans la région de la tête.

Réponse. Chaque organe a ses propres couches, qui lui sont étroitement liées. Par conséquent, lors de la transplantation d'organes, les couches se déplacent avec leur organe. Sur le plan subtil, les couchent s'anastomosent dans l'endroit de l'organe enlevé.

Il ne faut pas oublier que les corps physiques ont déjà une capacité partielle d'auto-guérison (régénération). Et comme le potentiel inférieur obéit toujours à celui supérieur, le programme de l'organe transplanté est subordonné au programme du corps de la personne receveuse. Quant à la transplantation de la tête, comme nous l'avons écrit précédemment, le programme de la tête reste dominant, mais même avec un résultat positif de l'opération, l'homme ne vivra que pour une courte période, un maximum de plusieurs mois.

Gros, chauves — violations du code génétique

1. Raison principale des perversions.

Lecteur. Vous écrivez que tout est connu par comparaison. S'il n'y a pas de gros, il n'y aura pas de minces, s'il n'y a pas de blanc, alors il n'y aura pas de noir, et ainsi de suite. Pourtant, pouvez-vous dire à peu près ce qui détermine l'option - gros ou mince, noir ou blanc, afin de comprendre comment on sera, afin de créer une condition que tout soit connu en comparaison?

Réponse. Il n'est pas obligatoire d'apprendre la comparaison par des sentiments personnels. Il est bien dit très précisément qu'il vaut mieux apprendre des erreurs des autres que les siennes. L'apparition d'un grand nombre de personnes obèses aujourd'hui (au début du XXIe siècle) est liée à un affaiblissement du système immunitaire et du corps énergétique éthérique du représentant de la cinquième race, donc le corps de nombreuses personnes échoue.

La principale raison de l'apparition des gens gros et chauves, c'est-à-dire ceux qui ne répondent pas aux normes habituelles de l'homme, est liée à la dégénérescence de leur code génétique. Les Supérieurs utilisent ces perversions pour éduquer l'homme et développer en lui des qualités telles que la compassion pour autrui et la compréhension de ses problèmes, ainsi que l'absence de toute condamnation, moquerie de l'autrui qui se différe de l'individu normatif. Mais lorsque cette déviation au standard appartient à la personne elle-même, alors cela développe les qualités de tolérance et d'humilité ou les qualités de la lutte contre une apparence indésirable. Tout est individuel pour chacun: certains exigent de l'humilité, les autres - de la lutte.

2. Les guérisseurs soignent tout le monde.

Lecteur. Est-il vrai que les guérisseurs positifs ne reçoivent pas l'énergie d'en Haut pour travailler avec des personnes négatives?

Réponse. Non, c'est une mauvaise opinion. Un guérisseur positif (ainsi qu'un guérisseur négatif) est autorisé à guérir à la fois le peuple de Dieu et le peuple de l'Hiérarque Négatif. C'est l'humanité de toute guérison.

3. Existe-t-il des codes de traitement pour les animaux?

Lecteur. Existe-t-il des codes pour traiter les animaux et comment puis-je les trouver?

Réponse. Les codes pour les animaux ne sont pas donnés, car il s'agit d'un Niveau du développement complètement différent, bien inférieur à celui de l'homme. Les Supérieurs dépensent beaucoup de leur force et de leur énergie pour créer des codes, et considèrent donc inapproprié de les composer pour des êtres inférieurs. Les animaux peuvent être bien traités par des vétérinaires.

Les éclipses affectent-elles le corps physique

Lecteur. Nous avons vu de fréquentes éclipses ces derniers temps. À cet égard, j'ai une question: l'éclipse affecte-t-elle la condition physique des gens? Maintenant, beaucoup de gens qui sont engagés dans la vie spirituelle, souffrent d'une mauvaise santé. Il me semble que très probablement il y a une augmentation du Niveau de transition de la planète et des gens, puisque la descente des hautes énergies vers la Terre est effectuée pour sa restructuration? Y a-t-il des recommandations comment traverser cette période? Votre réponse et vos commentaires seraient appréciés.

Réponse. Rappelons qu'en ce moment, il n'y a pas de personnes hautement spirituelles sur la Terre. Leur temps n'est pas encore arrivé. L'homme doit passer par 60 Niveaux du développement supplémentaires sur la Terre pour devenir hautement spirituel.

L'éclipse affecte absolument tout le monde, certains y prêtent attention, les autres - non. Les âmes basses ne peuvent généralement pas résister aux énergies élevées, mais les Supérieurs ne le ressentent pas particulièrement. Pour ceux qui ne se sentent pas bien, voici notre conseil: élevez le Niveau énergétique général par l'assimilation de nos informations, car elles portent un énergopotentiel très puissant; surveillez la nutrition et faites des exercices physiques modérés. En nourrissant les couches subtiles par les énergies élevés de la Nouvelle Connaissance, l'homme crée une protection durable contre les énergies nocives provenant du Cosmos. Très probablement, le changement climatique et les transformations énergétiques qui se produisent sur la Terre pendant cette période causent la mauvaise santé.

Utilisation des nouveaux codes

Lecteur. J'étudie les codes de Marakhovskaya. Elle nous a fourni, à nous ses lecteurs, la possibilité de nous soigner avec des codes. N'y aura-t-il pas d'augmentation des énergodettes et du karma? Peut-on utiliser souvent ses codes pour le traitement?

Réponse. On attire votre attention sur le fait qu'à l'aide de telles pratiques, on ne peut guérir que des maladies non karmiques. (C'est la même chose avec l'utilisation de la médecine moderne.) C'est-à-dire, cette règle s'applique à tout traitement.

Les codes peuvent être utilisés aussi souvent que l'homme en a besoin. Mais toute récupération prend un certain temps. Rien n'est rapide, instantané.

Pourtant, afin d'éviter les dettes devant les Supérieurs pour l'utilisation des codes créés par Eux, nous conseillons de répéter le plus souvent la troisième prière (appelée « La troisième prière contre les maladies et la faiblesse du corps ») en ajoutant les mots suivants avant la lecture : « Je donne l'énergie de la prière à la réserve pour récupérer ma santé ».

Vous n'aurez alors plus de nouvelles dettes. Si vous êtes souvent malade, répétez ces prières plus souvent, faites des réserves d'énergie personnelles et n'oubliez pas de remercier votre Déterminant pour le traitement, car Il vous aidera à travailler avec les codes.

Le nouveau dans le rétablissement de la santé par les codes

Lecteur. Un sujet a attiré mon attention - le traitement de diverses maladies à l'aide de codes numériques. Mais après avoir décidé de les maîtriser, j'ai rencontré certaines difficultés, j'ai donc décidé de vous contacter.

J'ai commandé deux livres de Nonna Marakhovskaya « Traitement par les codes 2 », « Traitement par les codes 3 ». Les livres sont toujours en route. J'ai le premier livre de cette série, les Forces Supérieures m'y ont amené, car je demandais une méthode de guérison.

J'ai étudié très attentivement le premier livre, et le contenu du deuxième et du troisième. Et j'ai une question vivifiant importante.

Je suis engagé dans la guérison orthodoxe. Je supprime la

négativité de la sorcellerie, nettoie le champ vital et l'aura des gens exclusivement par des prières orthodoxes. Par la prière de Cyprien et d'Ustinya. Par les psaumes, prières et conférences de Grégoire le Théologien, Basile le Grand, Jean Chrysostome. J'ai lu vos livres il y a longtemps, mais pas tous.

Il est arrivé que les Forces Supérieures m'ont amené à vos 3 Prières (Elles m'aident beaucoup. Merci beaucoup pour ces prières) et aux livres de Nonna Marakhovskaya. Au début, ce n'était qu'une euphorie, puis j'ai compris un point très important qui m'a plongé dans la confusion, et c'est pourquoi j'écris cette lettre. Permettez-moi d'expliquer la question en utilisant un exemple conventionnel.

Par exemple, voici deux personnes. Appelons-les Elena et Nikolay. Ces deux personnes ont des problèmes de foie. Il semblerait qu'il y ait un patient, qu'il y ait des prières et un code pour le traitement du foie. Tout est clair. Mais il y a un point important qui peut tout changer radicalement. C'est le Niveau énergétique de l'homme, de 10 à 30. Naturellement, le foie (comme tous les organes) a des niveaux énergétiques différents. Si le code pour le traitement du foie pris de ce livre est bon pour le traitement d'Elena, il n'est pas sûr qu'il le soit pour le traitement de Nikolay. Après tout, ils ont des Niveaux énergétiques différents. Ou, au contraire, il est bon pour le traitement de Nikolay, mais ne convient pas à Elena. Ou peut-être qu'il ne convient pas aux deux. Que faire dans ce cas? Cela s'applique également à tous les autres organes.

Dans le deuxième livre, il y a un code pour chasser les démons, guérir la possession. Mais il existe différentes possessions. Les démons ont différents Niveaux de la force et différents Niveaux de vibrations. Selon leur hiérarchie. Le code convient au démon faible, mais pour un démon fort ou un diable, ce code peut s'avérer faible. Que faire?

Cette question s'applique également à l'oncologie. Il y a le code du traitement du cancer. Mais le cancer est différent en force. Le cancer est une essence, et l'essence est toujours différente en termes d'énergie. En médecine, on utilise les termes « stade » - stade 1, stade 2, stade 3, stade 4. Après tout, chaque stade de la maladie est un Niveau plus élevé de la maladie en termes d'énergie. Si le code pour le traitement du cancer convient aux stades 1 à 2, convient-il aux stades 3 à 4 ? De plus, le Niveau énergétique de l'homme joue aussi un rôle important.

Veuillez me guider dans la poursuite de la pratique du traitement avec des codes.

Réponse. Nous pensons que la médecine numérique, qui utilise des codes pour traiter les gens, doit être à plusieurs Niveaux. Vous êtes la première personne qui l'a compris enfin.

Il faut développer la médecine à plusieurs Niveaux, et cela se réfère non seulement au traitement par les nombres, mais également au traitement par les médicaments chimiques et les herbes. Un institut spécial devrait s'occuper de telles questions.

On voudrait attirer votre attention sur le fait que les médicaments sont également divisés en Niveaux selon la force de leur effet sur le patient. Par conséquent, le même médicament aide une personne, mais n'aide pas une autre. Pourtant, les médecins n'ont toujours pas la moindre idée de la médecine à plusieurs Niveaux. Les médicaments sont administrés au hasard – comme un expérimenté, et si un médicament n'aide pas, on choisit un autre, qui change quelque chose dans l'homme. C'est-à-dire, c'est la même chose que vous essayez de faire maintenant avec les codes. Un code, étant faible, n'aide pas, et vous en cherchez un autre, plus fort, capable d'affecter l'énergie de l'homme. Ainsi, la médécine à plusieurs Niveaux exige déjà de créer immédiatement un tel appareil capable de mesurer l'énergopotentiel de l'âme humaine et de déterminer son Niveau.

Puisqu'une chose pareille n'existe pas, le guérisseur lui-même doit apprendre à déterminer au moins les Niveaux moyens des gens. Tout d'abord, il faut diviser tous les gens de façon symbolique en ceux: faibles, moyens et élevés. Mais comme il n'y a pas maintenant de gens supérieurs de Niveau 70-100, ils n'apparaîtront qu'à la fin de la 6 race, il ne reste donc que des Niveaux bas et moyens. Les codes qui sont maintenant donnés aux gens ne sont pas pour le Niveau élevé des gens (ils ne fonctionneront pas tout simplement pour eux), mais pour les Niveaux bas et moyens. Par conséquent, on ne va pas parler des Niveaux élevés.

De plus, un code numérique capable de guérir un homme d'un Niveau moyen pourra guérir tous les gens des Niveaux inférieurs - ceux moyens et bas. Ainsi, pour le traitement, il est nécessaire de choisir le code le plus puissant pour un homme d'un Niveau moyen. Il (le code) doit soigner tous les Niveaux inférieurs. Mais comme dans le livre il y a beaucoup de codes forts pour les Niveaux moyens, il est préférable de les utiliser pour charger l'eau, puis d'essayer de définir les doses pour les gens des Niveaux moyens, inférieurs au Niveau moyen et bas. Pour les âmes des Niveaux moyens et bas, il est préférable de diluer l'eau chargée avec de l'eau bouillie (il faut toujours charger seulement de l'eau bouillie). Ainsi, vous obtiendrez un effet significatif dans le traitement.

Lecteur. J'ai lu attentivement votre réponse et, sur la base de celle-ci, j'ai plusieurs questions importantes. Je vous demande pardon pour mon impudence et pour avoir pris votre temps, mais la technique est nouvelle pour moi. Je travaille depuis longtemps avec les prières orthodoxes, tout y est clair et compréhensible pour moi. Mais avec les codes, non.

D'après votre réponse, il n'y a pas de gens du Niveau supérieur sur la Terre maintenant, il y a ceux du Niveau moyen, inférieur à moyen et bas. Un code fort convient au Niveau moyen et ceux plus bas. Avec cela, tout est clair et compréhensible. Mais comment déterminer correctement le Niveau énergétique de l'homme afin de calculer le dosage?

Réponse. À l'heure actuelle, personne ne sait comment déterminer correctement le Niveau spirituel de l'homme. Bien que cela puisse être déterminé par les types de passe-temps préférés de l'homme, par la littérature, qui est sa priorité, et par de nombreuses autres prédispositions et inclinations. Pour chaque type du test, une sorte de questionnaire doit être élaboré pour révéler le degré de l'appartenance de l'homme à un Niveau particulier. Mais puisque de tels questionnaires n'existent pas (apparemment, ce sont toujours nous qui devons les développer), alors on peut suivre un autre chemin, plus acceptable, et déjà bien creusé.

À ce stade du développement, pour déterminer les Niveaux des gens, on peut utiliser un appareil qui capture les auras humaines – des images Kirlian. Cela est décrit en détail dans le livre « L'évolution de l'âme du Scorpion au Pharaon ». Pourtant, laissez-nous d'indiquer brièvement que:

A) Si l'homme a une aura rouge, alors son Niveau du développement est très bas.

B) L'aura peut être multicolore: parfois rouge, parfois orange, parfois jaune, parfois verte. C'est également un Niveau bas et inférieur au moyen.

C) Si l'aura est dominée par les couleurs jaune, verte, orange – c'est aussi un Niveau inférieur au moyen.

D) Si les couleurs prédominantes de l'aura sont cyan, bleu, violet foncé - il s'agit d'un Niveau moyen et légèrement supérieur au moyen.

E) Le Niveau le plus élevé a une aura blanche, radieuse et étincelante.

Lecteur. La question sur le pouvoir énergétique du guérisseur. Au début, je pensais que les codes conviennent à tout le monde, la réussite dépend de la puissance du guérisseur. Par exemple, en utilisant le code pour le traitement de l'oncologie, un guérisseur à une puissance faible ne pourra guérir qu'un cancer du 1er stade. Mais un guérisseur à une force énergétique puissante guérira, en utilisant le même code, tous les stades supérieurs du cancer. Que faire dans ce cas?

Réponse. Vous réfléchissez correctement sur cette question et pouvez prescrire un traitement correspondant. Pourtant pour le cancer, il vaut mieux choisir immédiatement les codes à effet le plus fort. Si l'oncologie est chez une personne avec une aura bleue, alors pour elle, le code doit être renforcé par la répétition de la troisième prière. C'est-à-dire, il faut tout d'abord répéter la troisième prière 1 à 3 fois, puis lire le code requis pour le cancer.

Une seule répétition des prières n'élève pas immédiatement le Niveau de l'homme, car une expérience de la vie et une compréhension du côté moral du comportement des gens sont également nécessaires. Et pour cela, il faut étudier attentivement nos informations. Si vous étudiez tous nos livres et pouvez comprendre la plupart de leurs concepts, alors votre Niveau peut augmenter considérablement et devenir extrêmement élevé pour le Niveau de la 5ième race.

Lecteur. Une question actuelle sur la possession par des esprits impurs. Les démons peuvent être forts en énergie et vibrations. J'ai vu une possession plus forte que par un petit démon moyen. Il y a des essences démoniaques plus fortes. À quelles essences particulières le code du deuxième livre convient-il?

Réponse. Quel code convient quelle essence, cela ne peut être déterminé que dans la pratique. C'est la pratique qui confirme et détermine tout.

Lecteur. Je dois trouver les représentants de la Hiérarchie Médicale. Puisque chaque cas est différent. Après tout, le problème ne réside pas seulement dans la différence de Niveaux énergétique, il faut également comprendre si la maladie est karmique ou non. La maladie peut être une conséquence du choix conscient de l'âme humaine visant à l'obtention de l'expérience nécessaire. Il y a encore d'autres raisons. Quelle est la meilleure façon d'atteindre le Niveau des représentants de la Hiérarchie Médicale?

Réponse. Si vous persistez dans votre pratique et tirez les bonnes conclusions, alors les Maîtres nécessaires du Système Médical vous prendront eux-mêmes sous leur patronage et commenceront à vous aider. Ce ne sont pas les gens qui choisissent avec qui communiquer, mais les Supérieurs. Prouvez-Leur que ce n'est pas un caprice momentané pour vous et que vous êtes sérieusement engagé dans le traitement des gens sans rechercher un profit matériel ou spirituel.

Maladie est une Substance

Lecteur. Certaines essences du plan subtil sont les Forces du Mal. Celui qui lit la troisième prière demande de l'opposition aux Forces du Mal - il s'avère que celui qui lit la prière demande de l'opposition aux essences. Par conséquent, je pense que cette prière ne convient pas à la délivrance des essences.

Réponse. Presque toute maladie (oncologie, tuberculose, gastrite, angine, grippe et autres) est une Substance négative vivante qui s'est enracinée dans l'homme lorsque sa propre défense, y compris l'immunité, s'affaiblit. Le but de la Substance est d'affaiblir les capacités physiques et énergétiques de l'individu afin de réduire le pourcentage de l'accomplissement de son programme de vie.

De nombreux clairvoyants à vision éthérique et astrale voient l'essence de la maladie comme un être vivant de couleur noire, bien qu'il en existe aussi gris, brun, rouge... Toute maladie apporte du mal aux gens, et il est donc nécessaire de la combattre. Elles attaquent souvent l'homme pour se nourrir de son énergie. De cette façon, elles interfèrent avec son développement et en même temps se développent elles-mêmes.

Pourtant il y a des maladies karmiques, qui sont introduites dans l'homme d'après le programme afin de régler les énergodettes de l'incarnation passée. Ces maladies deviennent chroniques, c'est-à-dire qu'elles ne peuvent pas être guéries. Elles ne prennent fin que lorsque l'homme a réglé sa dette énergétique.

Dans tous les cas, il est nécessaire de lutter contre les maladies, au moins pour comprendre par soi-même si cette maladie est temporaire ou chronique. Les maladies temporaires passeront avec les prières, le cours de celles chroniques passera à une forme plus légère, car une énergie protectrice sera ajoutée au corps physique.

La prière s'oppose aux essences, mais comme on vous l'a déjà expliqué, la maladie est une Essence, donc la prière est précisément dirigée contre l'essence de la maladie. La chaîne logique est simple: la maladie est une Essence, et l'Essence porte du mal, la prière est orientée contre elle. Et puisque la maladie est un mal, la prière est donc orientée contre le mal par la destruction de l'Essence de la maladie.

Cependant, sur le plan subtil, il existe des Essences qui provoquent une possession chez les gens. Elles commencent à commander une personne, lui imposent leurs actions, leurs désirs, et sont même capables de prendre possession de son discours, en l'obligeant à prononcer n'importe quel non-sens.

La raison de l'introduction d'une telle Essence dans les couches subtiles* de l'individu est que son énergopotentiel (de l'Essence)* est supérieur à celui de sa victime – l'homme. Le plus souvent, une telle Essence asservit les jeunes âmes et celles qui ne se développent pas spirituellement. Pour la chasser, des prières spéciales et une personne avec un énergopotentiel élevé sont nécessaires. Par conséquent, dans les églises, il existe des prêtres spécialistes de haut Niveau qui traitent ce problème particulier. De plus, tout cela suggère que l'homme doit veiller non seulement à l'augmentation de son immunité, mais surtout à l'augmentation d'énergopotentiel de l'âme, ce qui crée une bonne protection.

Lecteur. Si je comprends bien, la maladie est une Essence ou une Substance négative. Une Essence apparaît dans un organe humain en raison de la violation par lui de son programme, c'est-à-dire par ses mauvaises actions, pensées, la même Essence contribue, du fait de la lutte de l'organisme avec elle, à l'augmentation du Niveau de l'énergie produite par l'organe. Dans la lutte contre la maladie, on peut utiliser des médicaments (de préférence à base de plantes)*, des prières et des codes de guérison. Il y a une chose que je ne comprends pas, est-ce qu'on expulse l'Essence de la maladie ou l'élimine-t-on? Dans le livre de N.L.Marakhovskaya on dit que lors de sa sortie, il est nécessaire de respecter certaines précautions de sécurité, car elle est capable de sauter sur une autre personne. Pourtant, peut-on détruire complètement la Substance négative?

Réponse. Tout cela dépend d'une certaine quantité d'énergopotentiel. L'Essence de la maladie à un petit potentiel peut être complètement détruite, tandis que les Essences de la maladie à un grand potentiel sont généralement expulsées, et alors elles commencent à chercher une nouvelle victime. L'homme lui-même est capable d'expulser de nombreuses Essences par l'augmentation de son propre énergopotentiel et en étudiant les pratiques de guérison. L'expulsion de l'Essence de la maladie est possible même par la répétition de nouvelles prières, par l'aide d'une amulette – l' « Étoile de l'Union* » et la lecture de nos livres, qui ont un potentiel de textes plus élevé par rapport aux autres textes. Voici ce qu'une femme médecin nous a écrit pendant la pandémie de coronavirus en Russie.

Une lettre intéressante d'un médecin sur le coronavirus

Lettre de 23 juin, 2020.

Olga .... On a décidé de ne pas citer le nom de famille, car tous les employés ne partagent pas les intérêts de leur collègue.

"Bonjour... J'ai décidé de vous écrire une lettre, car je pense que ce sera intéressant pour vous.

Quant au nouveau virus, je peux dire que l'influence des Énergies Nouvelles m'a protégé pendant mon travail à l'hôpital de Covid, et a protégé toute ma famille.

Aucun membre de ma famille n'est tombé malade, tandis que seule ma mère était en isolement, elle a 86 ans ; et tous les autres allaient au travail, au magasin ou pour résoudre d'autres questions. Ils n'ont pas pu s'isoler complètement. Les Hautes Energies étaient donc une merveilleuse protection pour nous tous. Je répète de Nouvelles prières tous les jours. Et les «Lois de l'Univers» se trouvent juste au centre de notre appartement sur la place d'honneur.

Malgré le fait que j'aie été en contact avec le virus à coup sûr, il n'a laissé aucune trace dans mon corps, pas même des anticorps.

C'est un petit résumé. Mais, bien sûr, tout cela nécessite des recherches plus sérieuses. Je voudrais juste vous mettre au courant de mes observations.

Bien cordialement, Olga".

A propos de la lettre, on peut dire qu'en lisant les prières et nos livres à haute énergie, les gens saturent leurs couches temporaires de hautes énergies nouvelles, et un virus avec un énergopotentiel plus faible ne peut pas détruire cette protection. C'est-à-dire, les prières et nos textes aident l'homme à renforcer sa défense énergétique.

Nous avons compris il y a longtemps que le coronavirus a peur des hautes énergies, et nos livres et nos Nouvelles prières les donnent à l'homme. **Afin de ne pas tomber malade, l'homme doit avoir**

l'énergopotentiel de l'âme, qui dépasse l'énergopotentiel de l'essence de la maladie.

Cependant, il faut y faire quelques précisions. La défense sera également influencée par l'énergopotentiel de l'homme lui-même, qui dépend de son Niveau du développement.

Développons cet exemple davantage. Disons qu'un virus a son propre énergopotentiel égal à 50 u.c.é. (unités conventionnelles énergétiques). Son introduction dans l'homme se produit du fait que son potentiel est supérieur à celui des gens.

Par exemple, prenons un individu de Niveau bas, disons de 12 (douzième). Son énergopotentiel est généralement 20 u.c.é. Comparons a l'homme moyen du 40ième Niveau, dont l'énergopotentiel est conventionnellement de 45 u.c.é. Ce dernier doit lire les prières 2 fois pour que son énergopotentiel devient 55 u.c.é. et dépasse le potentiel de l'Essence de la maladie qui s'implante dans l'homme. Pendant qu'un individu de bas Niveau devra répéter les prières 60 fois par jour, pendant six mois afin de dépasser le potentiel de la maladie. C'est-à-dire, les prières sont les mêmes, mais les gens sont différents et, par conséquent, la méthode d'influencer la maladie aura ses caractéristiques.

Si on ne fait pas une telle explication, on sera inondé par des accusations ignorantes et infondées: « j'ai lu ces prières 70 fois et je suis toujours tombé malade ». Par conséquent, il ne faut pas oublier une approche individuelle à chaque personne. Et si le patient est encore à un Niveau bas du développement, alors il doit répéter les Nouvelles Prières un nombre strictement spécifique de fois, et cela peut être 100 ou 150 fois.

Ce dernier chiffre est déjà déterminé en fonction de son propre énergopotentiel (qui ne peut contenir que 6 u.c.é.) et de sa capacité à assimiler la quantité d'énergies élevées en répétant une prière. Ce ne sont que des perspectives lointaines de la recherche et du traitement des gens. Bien qu'on espère que la sixième race trouvera des moyens rapides et efficaces de guérir les gens et d'augmenter leurs énergopotentiels.

Sur la santé

1. Si le bronzage est sain aujourd'hui.

Lecteur. Je voudrais préciser que, ces dernières années, l'activité solaire augmente constamment, mais, d'autre part, l'amour des gens pour le bronzage et les promenades sous les rayons brûlants de soleil grandit également.

Par conséquent, il s'avère que l'homme a un besoin croissant d'utiliser les rayons nocifs du Soleil. Alors la mode destructrice du bronzage est plus importante pour l'homme que l'effet négatif des rayons du Soleil?

Comment trouver la ligne entre les besoins du corps dans ses rayons et les dommages que le Soleil peut faire à la santé humaine?

Réponse. Nous et la médecine, on parle depuis longtemps du bronzage comme d'une habitude négative. Mais les gens refusent obstinément d'écouter, tout le monde espère que le danger le dépassera. Pourtant, les cancers de la peau et les leucémies augmentent. La mode pour l'homme est toujours plus importante que les conséquences du Soleil. Le bronzage attire plus d'attention vers une personne que n'importe quelle maladie, on est donc pressé de profiter de cette attention. Oui, ces derniers temps, un mépris total de l'homme envers soi-même a été remarqué. Il pratique des sports extrêmes, en essayant de montrer qu'il n'a peur de rien. Mais tout cela parle d'une autre chose - à quel point l'homme, en particulier les jeunes âmes, a besoin de l'attention des autres et pour cela, il n'a pas peur de sauter de très haut, de monter sur les marchepieds des trains et des tramways, etc. Tout cela est un manque d'éducation et une soif d'attention des jeunes âmes.

2. Faut-il traiter les maladies karmiques.

Lecteur. Depuis longtemps une question sur les maladies karmiques me tourmente. En général, il est possible de comprendre d'une manière ou d'une autre pour l'homme sans extra-sensations, si la maladie lui a été donnée par le karma, ou si c'est une maladie acquise qu'il a gagnée pendant une incarnation passée?

Est-il judicieux d'apporter quelque chose dans le traitement (du plan subtil), c'est-à-dire, les codes donnés dans le livre de Marakhovskaya, ou autre chose, ou sera-t-il tout simplement un retard dans l'accomplissement du karma? Ou faut-il s'y habituer, l'accepter comme une bénédiction pour le développement et le tirer comme la charrue pour le reste de la vie? En général, j'aimerais aussi faire le point sur cela.

Réponse. L'homme doit toujours apprendre à gérer ses maladies. Cela l'enrichit de nouvelles connaissances et lui permet de savoir s'il a une maladie karmique ou non. Et le temps permet de voir s'il y a du karma ou non. Si la maladie passe en peu de temps, c'est-à-dire que la personne récupère rapidement, cela signifie qu'elle n'est pas karmique. Mais si elle se répète tout au long de la vie, en passant à une forme chronique, alors elle est karmique. Dans ce cas, il faut tout de même se tenir en bon ordre afin de régler normalement les dettes karmiques et de vivre cette période qui est prévue par les Supérieurs.

Chapitre 7
UN PEU SUR LA MAGIE

Strict respect des rites

1. Magiciens positifs et négatifs.

Lecteur. En lisant de la littérature ésotérique, je suis tombé sur des études dans les cercles magiques comme Vizardie. J'ai trouvé un livre intéressant sur cette science. Il parle du culte de l'ancien dieu Vizardas. Lorsqu'une personne se trouve dans des lieux de pouvoir et utilise toutes sortes de rites, une aide nécessaire lui vient. Mais il me semble que ce sont des « Forces obscures ». Pourtant, je voudrais comprendre d'un point de vue scientifique ce qu'est la magie et pourquoi certaines procédures, conjurations sont nécessaires pour certains rites. Et, probablement, en général, tout cela vient de l'obscurité, n'est-ce pas?

Réponse. Le terme « magie » lui-même désigne des actions associées à la croyance en la capacité miraculeuse de l'homme à influencer les forces de la nature, la vie elle-même, en la changeant dans le sens agréable à l'homme. De plus, un individu spécialement éduqué est capable d'exercer cette influence inhabituelle sur les objets, les animaux, le destin des gens, en subjuguant les forces surnaturelles ou en les manipulant à l'aide des conjurations, amulettes et certains rites.

Le plus souvent, les individus négatifs utilisent la magie, en essayant de s'affirmer dans la société, de devenir des personnes mystérieuses et intéressantes devant les autres gens. Certains font de leur magie une source de revenus.

Mais en les regardant, les personnalités positives ont également commencé à s'intéresser à de tels processus, tout en essayant de faire des miracles et d'aider les autres avec des méthodes similaires. Par conséquent, en retour, le Système positif a également commencé à aider ces individus positifs aussi enthousiastes, en créant sa propre direction pour le développement d'un sujet similaire. En conséquence, le Système positif a créé sa propre magie positive, visant également à aider les gens par les méthodes non traditionnelles et non standard.

Pourtant, généralement, ce que fait le magicien ne peut pas être attribué à ses super-pouvoirs, puisque tous les « miracles » sont produits pour le magicien par les Substances qui lui sont associées, elles se situent sur le plan subtil*, et restent donc invisibles pour les gens.

L'exécution stricte des rites et des conjurations, c'est la mise en état de l'homme pour exécuter des fonctions robotiques. C'est ainsi que sont construits tous les programmes du Diable.

Ainsi, le respect de divers rites par un magicien individuel prépare l'esprit à effectuer des actions automatiques. Ainsi, l'Hiérarque négatif peut impliquer des personnalités positives dans sa magie, en les attirant dans ses réseaux par les super-pouvoirs «gratuits» et en les connectant pour un certain temps à son département de magie Supérieur. Il existe de tels départements spéciaux dans le monde subtil qui s'occupent de la magie des gens sur la Terre. Ils aident les individus à maîtriser leurs capacités psychiques, travaillent avec eux, puis emmènent leurs âmes dans leur Système. Quant au Système positif, l'homme s'y prépare également de cette manière à un travail sérieux, son attention est concentrée sur la tâche avec laquelle le client vient chez lui. La concentration aide également à concentrer l'énergie du magicien.

Bien sûr, il est plus facile pour un magicien négatif de travailler, car après une certaine préparation, il passe au travail automatique. Le Diable manque d'options et de liberté de choix, de sorte que l'homme exécute tout de manière claire et robotique, ce qui lui est dicté depuis le plan subtil par ses Maîtres. C'est beaucoup plus difficile pour un magicien positif qui doit constamment surveiller chacune de ses actions, chaque étape, afin de donner ensuite le résultat souhaité.

Si l'homme ne possède aucune capacité par nature, mais décide de se lancer dans la magie, alors le plus souvent il gobe « l'appât » de l'Hiérarque négatif, car Il voit en cette personne un intérêt personnel et un désir de régner sur les autres.

Lorsque l'homme a un don naturel sous la forme d'une telle capacité, par exemple, celle de guérir les autres, grâce à laquelle il peut initialement bénéficier aux gens, alors c'est une direction positive pour l'utilisation de la magie. Dans ce cas, les Maîtres Célestes essaient d'enseigner plus de choses à un tel élève, d'élargir ses connaissances et ses intérêts.

Tout rite est la gestion des énergies à travers lesquelles on peut se connecter à un département spécifique du plan subtil Supérieur qui s'occupe de la magie des gens sur la Terre. Exécuter de bonnes actions dans les rites, c'est comme composer le bon numéro de téléphone qui se connecte au bon service. Si on fait une mauvaise action pendant le rite - il n'y aura pas de connexion et la magie ne fonctionnera pas.

Les gens de différents pays sont connectés à différents départements de la Magie dans les sphères Célestes, et donc leurs rites sont différents et leurs capacités ne sont pas les mêmes, bien que parfois les magiciens échangent leurs expériences, ce qui élargit la gamme de leurs connaissances et capacités.

Les magiciens positifs diffèrent des magiciens négatifs par le fait qu'ils refusent de faire du mal à une autre personne, car ils comprennent que cela contribue à l'accumulation d'un karma lourd chez eux et il peut arriver que dans ce cas ils seront transmis à l'Hiérarque négatif.

2. Attributs démoniaques.

Lecteur. Si les gens portent des attributs démoniaques (par exemple, des tatouages sur la peau sous la forme de monstres, des T-shirts avec des images de monstres, etc.), peuvent-ils attirer des énergies négatives ou l'attention des essences négatives avec de tels dessins, actions?

Réponse. Avec de tels vêtements et attributs, les gens attireront certainement l'attention des négatifs. Les conséquences en peuvent être très différentes.

Magiciens. Sorcières

Lecteur. Les sorcières, sorciers, magiciens sont-ils tous des personnalités négatives? Alors l'homme qui communique étroitement avec eux et suit certains de leurs conseils, ne devient-il pas leur pareil?

Réponse. Les magiciens, les sorcières et les sorciers sont des personnes dotées de capacités psychiques, qui sont divisées en celles positives et négatives. S'ils ajoutent certaines connaissances à leurs capacités naturelles, en faisant leurs études aux écoles spéciales, alors ces individus deviennent des professionnels et sont capables de beaucoup de choses.

Ce sont des individus positifs aussi bien que négatifs, et même ceux liés au Système neutre (Médical). Il faut se méfier de toutes sortes de gens à moitié éduqués, autodidactes et charlatans, ainsi que des sorciers noirs. Les magiciens négatifs se spécialisent volontiers sur l'art de nuire aux autres et demandent beaucoup d'argent pour cela.

Certaines personnalités positives, à travers leurs activités magiques, se battent pour la justice et le triomphe du bien, aidant à punir les atrocités, tandis que les personnalités négatives ont pour but d'imposer leur pouvoir, de subordonner les gens à leur propre volonté et de recevoir toute-puissance sur les esprits des individus bas.

Il vaut mieux ne rien avoir à faire avec les sorciers noirs, mais si vous ne pouvez pas l'éviter, alors l'essentiel est de ne pas laisser asservir votre volonté. L'homme incapable de distinguer un magicien positif de celui négatif ne devrait pas du tout communiquer avec eux, mais travailler seule sur son âme et son corps.

A quoi servent les conjurations

Lecteur. Je suis tombé sur des études dans les cercles magiques comme Vizardie. J'ai trouvé un livre intéressant sur cette science. Il parle du culte de l'ancien dieu Vizardas. Le culte comprend la visite dans des lieux de pouvoir. Dans ces lieux on utilise toutes sortes de rites, et à l'aide de l'énergie de ces lieux, une aide nécessaire arrive. Mais il me semble que ce sont des « Forces obscures ». Comme je ne comprends pas bien tout cela, je cherche de l'information qui m'aiderait à comprendre cela d'un point de vue scientifique.

Je voudrais savoir ce qu'est la magie et pourquoi certaines procédures sous forme de rites et conjurations sont nécessaires pour que quelque chose de miraculeux se produise.

Et je me doute constamment que tout cela vient de l'obscurité, n'est-ce pas?

Réponse. Comme le dit Wikipédia : « La magie est une action associée à la croyance en la capacité de l'homme à influencer les forces de la nature, les objets, les animaux, le destin, les gens, en subjuguant les forces surnaturelles ou en les manipulant à l'aide de conjurations, d'amulettes et de certains rites ».

Nous expliquerons à quoi sert le respect des rites.

L'exécution stricte des rites et des conjurations, c'est la mise en état de l'homme pour exécuter des fonctions robotiques. C'est ainsi que sont construits tous les programmes de l'Hiérarque négatif. Il manque d'options et de liberté de choix. Si l'homme ne possède aucune capacité par nature, mais pratique la magie, alors le plus souvent il gobe « l'appât » de l'Hiérarque Négatif*, car Il voit en cette personne un intérêt personnel et un désir de régner sur les autres. Lorsque l'homme a un don naturel sous la forme d'une telle capacité, par exemple, celle de guérir les autres, grâce à laquelle il peut initialement bénéficier aux gens, alors c'est une direction positive pour l'utilisation de la magie.

Tout rite est la gestion des énergies à travers lesquelles on peut se connecter à un département spécifique du plan Supérieur qui s'occupe de la magie des gens sur la Terre. Exécuter de bonnes actions dans les rites, c'est comme composer le bon numéro de téléphone qui se connecte au bon service. Si on fait une mauvaise action pendant le rite - il n'y aura pas de connexion et rien d'intéressant ne se produira.

Le serment d'Hippocrate des jeunes médecins

Lecteur. Lorsque les jeunes médecins prononcent le serment d'Hippocrate, se lient-ils ainsi pour toujours à l'Hiérarque principal du Système Médical, ou cela n'arrive-t-il pas du tout ? Après tout, il est mentionné dans Vos livres que seul le Diable assermente les gens. Par exemple, sur le site de l'académicien Maslov «Révélations au peuple du nouvel âge», il prête une sorte de serment du Premier Créateur, tout en se déguisant en homme de Dieu.

Réponse. Certains individus positifs ne comprennent pas l'essence des phénomènes en raison du caractère fermé de l'information sur le développement négatif, et ils imitent les gens du Diable et adoptent certains de leurs modèles de comportement. L'homme ne comprend toujours pas ce qui est bien et ce qui est mal, c'est-à-dire, il ne sait rien sur les directions positives et négatives du développement.

En particulier, Hippocrate, en introduisant son serment, ne le savait pas non plus, mais, en tant que personnalité positive, il voulait donner de la solennité au moment d'entrer dans la voie de la guérison et, tout en poursuivant des intérêts humains, obliger les futurs médecins à ne pas être guidés par égoïsme, mais par les nobles buts de sauver toute personne, quoi qu'il arrive.

C'est-à-dire, sauver la vie de tout homme était la chose principale pour lui. Tout en sachant que le serment crée un attachement fort d'une personne à un certain comportement, il a voulu obliger chaque médecin à apprendre à remplir strictement ses fonctions, c'est-à-dire à développer au sein de son âme une qualité automatique d'aider autrui, quel que soit le type de cet homme: riche ou pauvre, méchant ou gentil... Selon le serment d'Hippocrate, il fallait aider tous ceux qui avaient besoin d'aide médicale.

Cependant, il faut dire que le serment lui-même vient du Diable, pourtant son imitation par les gens a permis de le diffuser dans un environnement positif.

Le serment d'Hippocrate n'est valable que sur la Terre et a récemment acquis un caractère formel du fait que tous les principes moraux ont été violés dans la société. Les médecins d'aujourd'hui, ayant une fois prêté ce serment, l'ont immédiatement oublié et ont agi selon leur propre compréhension. (Au fait, il n'y a pas longtemps, les médecins ont cessé de prêter le serment d'Hippocrate.)

Avec ce serment, il est impossible de lier une âme au Système Médical, car il existe des caractéristiques et des règles complètement différentes pour la transition vers celui-ci. Pour cela, l'homme doit travailler comme médecin ou secouriste pendant de nombreuses vies et accumuler les qualités professionnelles correspondantes. (À chaque siècle, il y avait des individus qui aidaient et sauvaient les autres juste à l'appel de leur cœur.) Et ces personnalités ont de la priorité pour être transférées dans le Système Médical de l'échelle Universelle.

Après cela, en Haut on considère la fonctionnalité prédominante d'une telle âme pour sa distribution ultérieure dans les Systèmes Hiérarchiques. C'est seulement après être attachée au Système Médical grâce à ses indicateurs que l'âme du médecin, ayant quitté ce monde, entrera immédiatement dans le Système Médical, en contournant les distributeurs humains ordinaires.

Serment

Lecteur. Si l'homme a prêté serment de servir les Puissances invisibles avec foi et vérité il y a plus d'un an, peut-il s'en délier avec l'aide des Lois ou d'une autre façon?

Réponse. Les Puissances invisibles peuvent être positives et négatives. Les serments ne sont pas demandés par les Puissances Divines. Par conséquent, vous avez prêté un serment à celles négatives. Votre désir seul ne suffit pas, mais il peut devenir un argument de poids pour que les Puissances de Lumière consentent à transférer votre âme au Diable après votre mort.

Cependant, le Jugement aura lieu, pendant lequel les Supérieurs décideront quoi faire de votre âme. Fondamentalement, dans une telle question, le facteur déterminant sera les accumulations énergétiques de l'âme elle-même.

Il n'est pas nécessaire de détruire le serment d'une manière ou une autre, il suffit d'accumuler autant d'énergies positives dans la matrice de l'âme pour qu'elles pèsent plus que la partie négative dans leur volume. Et puis le Système positif vous gardera, et le serment cessera de fonctionner et « échouera » à la fin.

En résumant cette réponse, on peut dire que dans cette question, le facteur déterminant est les accumulations énergétiques de l'âme. Si vous réussissez à accomplir de nombreuses bonnes actions au cours de votre vie, en faisant ainsi un avancement sérieux dans la direction positive, avec lequel la partie positive de l'âme pèse plus que celle négative, alors vous serez laissé au côté de Dieu. Bien sûr, les bonnes actions sont accomplies dans le respect des lois morales de la société, vous devez donc bien comprendre quelles actions sont bonnes pour vous et pour les gens, et lesquelles sont mauvaises.

Vous avez encore le temps d'accumuler les énergies qui vous mèneront à Dieu.

Mécanisme d'un serment

Lecteur. Quel est le mécanisme d'action d'un serment? Si, par exemple, l'homme prête serment de servir le Diable? Est-ce une certaine Loi du Serment en tant qu'une forme spiritualisée qui entre en vigueur et lie l'âme au Système négatif? Ou est-ce juste le fait même de prêter serment de servir le Diable qui lui donne le droit de propriétaire par rapport au «prêteur de serment»?

Réponse. Un serment est un moyen de se lier de manière rigide à un Système négatif, et il sera donc très difficile de rompre cette liaison. Mais si l'homme est positif et n'a pas encore aucun attachement à un Système négatif, alors dans cette vie Dieu lui donne une chance de corriger la situation, et l'homme doit rassembler tout son courage et ne pas rompre le serment, mais l'abandonner, en utilisant sa propre volonté...

Vous pouvez prononcer même dans votre pensée, en vous

référant à Dieu, que vous renoncez à ce serment, parce que vous vous êtes rendu compte que vous êtes entré dans le mauvais chemin. Dans le même temps, vous devez savoir qu'après cela, il y aura des attaques du Système négatif. Vous devez les résister avec courage. C'est-à-dire un individu positif est automatiquement attaché (mais pas pour toujours) au Système du Diable, mais sa conscience et son refus ultérieurs rompent cette connexion. La décision finale concernant une telle âme est prise par Dieu après la mort de l'homme, compte tenu de ses véritables désirs.

Accord de l'homme avec le Diable

Lecteur. Comment peut-on sauver l'âme de l'homme qui a accepté (conclu) un accord avec le Diable? Il boit constamment, ne veut pas vivre. N'y a-t-il vraiment aucun moyen d'aider - le choix de chacun, le programme? Si vous pouvez, répondez, s'il vous plaît. Veuillez accepter mes meilleures salutations et une grande Foi.

Réponse. Si cet homme boit, il n'a probablement conclu aucun accord avec le Diable, car les gens qui ont vendu leur âme au Diable n'ont pas de dépendances entraînant une perte de la santé et un gaspillage inconsidéré de toute énergie au cours de leur vie. L'Hiérarque Négatif est trop calculateur pour un « geste aussi généreux » et essaie de maintenir son peuple dans un état adéquat. Votre ami buveur est un homme dégradant ordinaire, et la dégradation n'est presque jamais programmée!!! C'est le choix de l'homme, et s'il n'arrête pas de boire, alors peut-être qu'après la mort, il sera soumis à un décodage ou son âme sera transférée dans le Système négatif. Maintenant, à la fin de la 5ème race, les Supérieurs n'ont rien à ménager avec de telles personnes, par conséquent, tant qu'il est encore ici (sur la Terre), il peut toujours être se changer et se préserver en tant que personnalité. Mais en cela, il a besoin d'aide (peut-être même par un codage forcé pour le reste de sa vie).

Le Diable, prend-il l'homme après le serment sous sa protection

Lecteur. Il existe des sectes sataniques dont les membres prêtent serment de servir le Diable. Le Diable peut-il introduire son programme impératif à une personne qui lui a prêté allégeance, même dans cette incarnation, et prendre son développement sous son contrôle?

Autrement dit, Dieu peut-il livrer un tel renégat à Satan jusqu'à la fin de sa vie?

Réponse. Ce n'est pas possible. Un serment et l'apostasie est une certaine situation incluse dans le programme réel de l'homme (principalement chez les jeunes âmes) pour tester un individu, pour l'éprouver. Par conséquent, la situation peut inclure un encouragement temporaire de la part du Diable après que le serment de Le servir a été prêté. À cause de cela, l'homme peut améliorer sa situation financière, acquérir du pouvoir ou des propriétés magiques, mais tout cela sera de courte durée. La joie momentanée et ensuite un long jour de châtiment.

Cela sera suivi par une sorte de punition pour ce qui a été reçu, et elle sera assez grave: ça pourra être une maladie sérieuse; la perte de biens, de travail, de famille, etc. C'est-à-dire, ensuite la situation se développe selon le scénario qui a été décrit par des programmeurs positifs après la vérification de l'âme. Et l'homme l'achèvera (le programme)* comme cela a été prévu par les programmeurs de Dieu. Le Diable n'a plus le droit d'intervenir. Et ce qui arrive à cette âme après la mort de l'homme, cela sera décidé au Jugement.

L'âme n'est transférée à l'Hiérarque négatif qu'après le Jugement et avec la permission de Dieu. Mais Il peut ne pas transférer une telle âme au Diable, mais la fera vivre encore trois autres réincarnations pour voir quels points elle obtient. Il existe encore une autre option – traiter le karma pendant une vie pour les erreurs commises dans la vie précédente, puis passer par une purification en Enfer, et après cela, Dieu peut l'envoyer à nouveau vers un chemin positif.

Si plus tard cette âme se comporte de manière inappropriée, alors Dieu la donnera pour toujours au Diable ou Il peut même l'envoyer pour le décodage.

Sur la malédiction

Lecteur. L'homme qui a commandé un rite de mauvais œil ou de dommage chez un magicien noir, avait-il le choix: commettre un tel acte ou non? Sinon, n'y aurait-il pas ce mauvais œil sur l'individu positif? Ou si tout se passe selon le programme, alors l'homme appartenant au Diable le fera quand même à un individu positif de toute façon, et le dernier ne pourra pas s'en protéger?

Réponse. La malédiction vient principalement des individus négatifs et est associée au programme. Pourtant, elle peut aussi provenir d'un individu positif bas dans l'emportement de rage.

Lecteur. Y a-t-il une auto-malédiction? Et si c'est possible dans la vie, pouvez-vous expliquer comment ça se passe?

Réponse. L'auto-malédiction se produit lorsque l'homme est très déçu par quelque chose et se rend compte que tous les échecs ne viennent que de lui-même et qu'il n'est pas capable de changer quelque chose. Il commence à bien comprendre à quel point il est minable devant les autres et, surtout, devant les Supérieurs, puis il commence à se reprocher, à se blâmer pour ce qu'il n'a pas réussi et ce qui l'a finalement conduit à une telle agression, qu'il a adressé à soi-même, en comprenant qu'il est seul coupable de tout.

A un tel moment, il peut se blâmer fortement et s'appeler faible d'esprit et insignifiant, et toutes sortes d'autres mots qui lui viennent à l'esprit. Les phrases commençant avec le mot « que » sont particulièrement puissantes (lorsqu'il y a une auto-programmation délibérée pour l'autodestruction et la rupture de ses propres structures subtiles). L'homme qui utilise des expressions obscènes dans son vocabulaire détruit également ses énergocorps. En conséquence, on voit tant d'énergie négative s'accumuler volontairement contre lui-même qu'elle (l'énergie noire) agit sur lui comme une auto-malédiction, tout en provoquant des ruptures dans sa couche subtile protectrice. De l'énergie s'en échappe, et à cause de cela l'homme se sent faible, mal. Sa santé commence à se détériorer.

Toute malédiction affecte toujours l'homme d'une manière négative. La seule différence est que lorsque émise par les gens, elle attaque les couches extérieures, et les dommages peuvent être éliminés par un médium correspondant, tandis que l'auto-malédiction frappe de l'intérieur, en endommageant les couches intérieures qui sont plus élevées et plus difficiles à restaurer. Par conséquent, l'auto- malédiction cause parfois plus de mal qu'une malédiction infligée de l'extérieur par une autre personne.

Malédiction est une arme énergétique. Karma pour la malédiction

Lecteur. Vous avez écrit que le pouvoir de la pensée de l'homme est trop insignifiant pour matérialiser ses pensées et ses désirs, qui ne sont pas inclus dans le programme. Quel est le mécanisme des malédictions? Sont-elles incluses dans le programme en tant que punition pour des actions? Y aura-t-il du karma chez l'homme qui a maudit un autre qui lui a fait du mal?

Réponse. Naturellement, les malédictions appartiennent aux armes énergétiques qui nuisent à la santé humaine et aux structures subtiles. Pour cela, un individu positif recevra certainement une punition karmique équivalente, ou son corps physique sera directement endommagé selon la loi de causalité en tant que punition. On ne pardonne rien à un individu positif, il est responsable de tout et il doit traiter le karma.

Bien que la pensée de l'homme ne porte pas en général d'un grand potentiel, mais tous les gens sont de Niveaux différents, ce qui permet à une âme avec un plus grand potentiel énergétique de nuire à une âme avec un potentiel plus faible. C'est-à-dire, il est important d'équilibrer les adversaires.

Influence de la malédiction sur le destin

1. Influence de la malédiction sur le programme.

Lecteur. Les malédictions peuvent-elles créer une couronne de célibat, perturber le programme? Comme on ne rencontrera pas son destin, on n'obtiendra pas un travail où on développera les qualités nécessaires. Ou empêchent-elles tout simplement le programme global?

Réponse. Tout cela se déroule selon le programme afin d'apprendre aux gens à comprendre les situations et à voir comment se crée une connexion entre les gens pour les mener au but souhaité. C'est d'enseigner le développement de l'analyse des situations de vie.

2. Qui peut délibérer de la malédiction.

Lecteur. Il y a une croyance répandue que la malédiction ne peut être enlevée que par celui qui l'a imposée. Est-ce vrai? Si ça, alors pourquoi une telle règle s'est établie? Que faire, si celui qui a envoyé la malédiction ne veut pas l'enlever ou s'il est inconnu, ou déjà mort? Est-il possible d'aider l'homme dans une telle situation?

Réponse. Cette opinion n'est pas correcte. Tout dépend du Niveau d'énergopotentiel de l'âme du magicien, du sorcier. Tout magicien à un énergopotentiel plus élevé est capable de supprimer la malédiction d'un magicien à un potentiel plus bas. La suppression d'une malédiction par un magicien plus fort ne dépend pas du fait que l'homme qui l'a imposée soit vivant ou mort. Tout est réparable. Ils en ont des techniques spécifiques.

3. Sur les sortilèges d'amour.

Lecteur. Une autre question est sur le sortilège d'amour. Comment le Déterminant de l'homme agit-il dans cette situation? Après tout, c'est une violation du programme, il a été enchaîné de force à une personne mal-aimée? L'opinion des Nouvelles Connaissances est intéressante...

Réponse. Le Déterminant n'affecte pas le choix et les souhaits de l'homme. Un choix est soit une action positive, soit une négative, et le Maître Céleste sait que son élève sera puni pour le mauvais choix dans cette vie ou dans la vie prochaine sous la forme d'une dette karmique. Par conséquent, un élève qui ne veut pas suivre volontairement un bon chemin menant à un certain but, l'atteindra un jour, mais en suivant le chemin rempli de privations et de souffrances en tant que dettes karmiques.

Pourtant, le Déterminant ne peut pas influencer le programme de son élève. Il a le droit de lui envoyer parfois des signes, des indices. Mais cela dépend déjà de Lui-même: s'Il veut lui inspirer quelque chose ou s'il accepte que son élève soit puni pour une mauvaise solution d'une telle ou telle question. Le plus souvent, les Supérieurs préfèrent la punition, car Eux-mêmes, Ils sont fatigués de cette abomination et inconsidération, qu'un élève choisit par sa paresse.

La fête de la citrouille — Halloween

Lecteur. Sur la Terre, de plus en plus grand nombre de gens célèbrent Halloween ou la Toussaint. Selon la légende populaire, les mauvais esprits s'éveillent ce jour-là. Est-ce que les gens célébrant cette fête ouvrent des portails à travers lesquels les Substances négatives du Diable pénètrent dans notre monde pour une activité destructrice? N'est-ce pas un péché pour les gens positifs de Dieu de la célébrer?

Réponse. Même le nom de cette fête n'a rien à avoir avec l'odeur de sainteté. Le mot « Hell » signifie Enfer et porte de l'odeur infernale de soufre. Cette fête a été introduite dans la société américaine par le Système négatif et, en effet, cette nuit-là, des portails s'ouvrent vers le monde bas et des hordes d'entités sombres, de diables et de démons se précipitent vers la Terre. Le nom de « Commémoration de la Toussaint » a été donné, pour ainsi dire, en dérision des forces de

136

la lumière. Le fait que la Russie ait adopté la célébration de cette fête ne fait que témoigner de la dégradation de la société.

Lecteur. Veuillez noter que depuis longtemps les gens ont donné aux diables et démons le nom de forces des ténèbres, avant que votre Enseignement ne soit venu sur la Terre. Nous savons d'après vos livres que les gens transférés au Diable ne sont pas nettoyées après la mort dans des séparateurs, car elles accumulent des énergies négatives à faible vibration.

C'est-à-dire qu'ils accumulent des ténèbres dans leurs âmes, du point de vue des âmes positives. Mais comment les gens ont-ils appris des âmes sombres avant votre enseignement? Quelqu'un parmi les contactés du passé a-t-il reçu des parties d'informations sur de tels détails de l'au-delà ?

Réponse. Depuis l'apparition de la religion chrétienne sur la Terre il y avait toujours des Anciens Saints qui ressentaient subtilement le Monde Supérieur et en recevaient des connaissances similaires, mais sous une forme un peu simplifiée, selon le Niveau des gens de l'époque, et les ont interprétées de leur façon.

Ils connaissaient parfaitement l'existence des anges et des démons, et ont même reçu des informations sur leur Hiérarchie. Par conséquent, dans cette question, nous ne sommes pas des pionniers, mais nous élargissons et approfondissons cette connaissance.

Lecteur. Je voudrais demander aux Supérieurs avec votre aide des informations sur un sujet historique. Il existe une légende sur l'existence de la pierre philosophale (c'est-à-dire, une certaine substance qui, à l'aide de procédés chimiques, a été obtenue par les alchimistes médiévaux, capable de transmuter n'importe quel métal en or). Ont-ils vraiment produit cette substance? Ou est-ce une fiction?

Réponse. De telles connaissances ont été vraiment données aux gens, mais la question principale est la suivante: quelle était la qualité d'or qu'ils pouvaient obtenir? Les anciens artisans n'ont pas transmis ce secret aux générations suivantes, il a donc été volontairement perdu ou caché, et les nouvelles générations ne le sont pas non plus en raison de la dégradation générale de la société.

DIVERS

Sur les armoiries de la Russie

Lecteur. Quelle signification particulière est cachée derrière les armoiries modernes de la Russie?

Réponse. Ce n'est pas pour rien que les armoiries sont décorées d'un aigle à deux têtes. Les armoiries de la Russie symbolisent le développement évolutif, composé de branches positives et négatives.

Pour quel but l'or a été créé

Lecteur. Je m'intéresse pour quel but l'or a-t-il été créé sur la Terre?

On suppose que l'or sur notre planète a été spécialement créé à des fins négatives, en tant qu'un accumulateur de l'énergie psychique et de nombreuses énergies négatives, car, premièrement, son extraction et son traitement nécessitent des efforts infernaux. De plus, au cours de son histoire séculaire, il a été arrosé de sang à plusieurs reprises, car les gens se sont détruits sans cesse pour lui. Et le pourcentage de son utilisation à des fins nobles est très petit.

Les entités négatives utilisent la cupidité de l'humanité et alimentent de l'énergie nécessaire pour des mondes infernaux.

Réponse. Sur la Terre, beaucoup de choses sont perverties, c'est-à-dire elles ont été données à l'homme pour le bien, mais il les a transformées en mal. Dans ce cas, cela est arrivé à l'or. Il a été donné à l'homme en tout et devait élever son âme, accumuler en soi toutes les énergies Supérieures qu'il produit.

Mais comme il possédait une beauté particulière et une intensité énergétique élevée, certaines propriétés magiques particulières lui sont devenues inhérentes. Cela a été remarqué par des individus négatifs, après quoi une lutte acharnée pour les choses en or a commencé. A partir de ce moment, le but élevé a commencé à se transformer en mal.

C'est-à-dire, l'or a acquis le côté négatif du Système négatif, qui cherche constamment à tout bouleverser. Mais lorsque le Diable vient chercher ses serviteurs de notre planète avant la 6ième race, et l'eau nettoie toutes les réserves d'or sur la Terre de leurs énergies négatives, alors l'or retrouvera sa véritable signification et servira de bien pour les représentants des 6-7ième races.

Il ne faut pas oublier que l'or reflète la future Race d'Or, à laquelle l' « Étoile de l'Union » d'or correspondra dans tous ses paramètres. L'or est le meilleur conducteur des énergies subtiles, donc il fonctionnera de la meilleure façon avec l'énergie humaine, en absorbant son surplus et le donnant à l'organe malade en cas de manque d'énergie. De plus, une amulette d'or préservera également les fonctions de l'antenne, en envoyant une partie de l'énergie aux Supérieurs. L'or est un métal qui concentre l'énergie, qui aide contre l'épuisement du système nerveux, donne une clarté cristalline à la conscience et aide à voir l'invisible dans certaines circonstances. De plus, l'or augmente l'énergie du plexus solaire, et les boucles d'oreilles en or sous la forme de petites « Étoiles de l'Union » améliorent la vision et activent le travail des chakras supérieurs, tout en ouvrant des canaux de communication avec le Déterminant.

Écriture automatique

Lecteur. En quoi consiste l'écriture automatique comme méthode de réception des informations du Monde Subtil?

Réponse. Première variante. Le Déterminant connecte l'élève à son ordinateur énergétique, dans lequel il lui ouvre un accès à certaines informations. Mais dans ce cas, l'homme ne recevra que l'information qui correspond à son Niveau et contribue à son développement.

Deuxième variante. L'homme se connecte à une entité du plan subtil, qui commence à répondre à ses questions, l'homme peut même sentir comme elle bouge sa main, en lui enlevant une partie de son énergie.

Dans les deux cas, l'information n'a pas pour but de traverser la conscience de l'individu lors de sa transmission, mais est destinée à être étudiée après sa réception.

L'écriture automatique est utilisée lorsque la compréhension n'est pas requise de celui qui l'accepte. Parfois, le contacté n'a pas sa propre base des concepts requis pour la transmission d'informations, donc la conscience du contacté n'est pas impliquée dans ce cas et l'information va la contourner. L'homme manque de concepts à cause du Niveau insuffisant de son développement. Dans ce cas, les Supérieurs ont trouvé un moyen d'utiliser l'écriture automatique avec un certain degré de transe, qui bloque la conscience du contacté, pour transmettre les informations nécessaires à l'homme.

Et il y a encore une **troisième variante** de l'utilisation de l'écriture automatique, lorsque les Supérieurs ne veulent pas que le contacté mélange sa compréhension erronée de certains moments dans les textes transmis avec Leurs informations.

Protection contre Internet

Lecteur. Un ordinateur est une source d'impact énergétique négatif sur l'homme. Sa vision se dégrade, l'écran produit toutes sortes de rayonnements, il affecte très mal le psychisme des jeunes. Existe-t-il des mesures de protection énergétique devant Internet et ordinateurs?

Réponse. La mesure de protection pour l'homme est sa propre énergie. Par conséquent, si on utilise la méthode de l'accumulation d'énergopotentiel dans des couches temporaires, la protection augmentera. Le moyen de l'augmentation de cet énergopotentiel est de saturer les couches avec l'énergie de nos trois prières tout en les répétant. Les expérimentes d'A.Garass ont confirmé que la répétition des trois Nouvelles prières change la couleur de l'aura du rouge au bleu, ce qui signifie une augmentation significative d'énergopotentiel de la couche astrale. Mais si sa puissance augmente, alors la protection augmente également, il est donc utile de répéter trois Nouvelles prières avant de surfer les réseaux. Le nombre de la répétition des prières dépend de l'ampleur d'énergopotentiel de la personnalité. Plus il est petit, plus grand est le nombre de répétitions des prières avant la connexion à Internet.

Tout le monde passe le temps à l'ordinateur

Lecteur. De telles questions ont surgi : de nombreux jeux et projets sont apparus sur Internet, des milliers de de gens y sont collés pendant des jours et perdent tout leur temps libre. Parmi ces projets Internet, il y a des choses telles que « Réponses en ligne », où beaucoup de gens participent et se posent des questions stupides, et donnent des réponses. Les gens, comme les possédés, se collent à l'écran et gagnent des points en répondant aux questions. Ils apprécient ce projet et insultent les autres, et donc ils y communiquent, ce qui leur remplace la vraie communication. De plus les jeux sur Internet telles que celles « de tir », de tank, etc. - ils ne font que rendre les gens fous. Est-ce que je comprends bien que « certains ventouses » vont de l'écran, qui absorbent l'énergie, les émotions des gens, et il leur est difficile de s'en débarrasser?

Réponse. Nous disons depuis longtemps que les ordinateurs et les téléviseurs ne sont pas seuls à prendre des énergies d'un certain type pour les Systèmes différents. Tous les jeux que vous avez énumérés ont été inventés par le Système négatif pour asservir les gens d'un Niveau bas et pomper des énergies d'une certaine qualité vers le Système négatif. L'homme de Dieu commence, pour ainsi dire, un travail volontaire pour le Diable, en accumulant de l'énergie négative. Bien sûr, les gens doivent appeler à leur volonté et s'éloigner de ces jeux, il vaut mieux s'engager dans la vie réelle et proposer quelque chose d'utile pour les jeunes et les personnes seules et dépendantes.

Énergétique des choses

Lecteur. Vous avez dit un jour que tout est énergie. À cet égard, je m'intéresse à l'énergétique des choses qui nous entourent. Quelle énergie peut être considérée comme nécessaire pour nous, et laquelle n'est pas nécessaire? Et comment pouvons-nous déterminer la nécessité de la chose pour nous?

Réponse. L'homme est habitué à vivre entouré des choses matérielles et, auparavant, on croyait toujours que tout ce qui se trouve dans la maison était nécessaire à l'homme. Mais vous avez posé la question du point de vue de leur énergétique et de son utilité pour l'homme. Si les choses restent longtemps dans la maison avec l'homme, elles tombent involontairement dans le champ biologique de cet homme, et plus l'homme est énergique, plus l'énergopotentiel de son âme est grand, plus les choses tombent dans l'amplitude de son champ biologique et sont chargées de son énergétique. Mais chaque chose, à part de l'énergie reçue du propriétaire de la maison, a aussi sa propre énergétique, que la chose a acquise après sa création.

C'est-à-dire, toute chose a sa propre charge énergétique, qui a été formée d'énergopotentiel de la matière à partir de laquelle la chose a été créée, plus de l'énergie du maître qui a créé cette chose. A cela, il faut également ajouter l'énergie du lieu dans lequel cette chose se trouvait auparavant (par exemple, l'énergie de l'entrepôt, l'énergie du lieu même sur lequel elle a été construite), tout cela a été additionné au fil du temps et a formé la charge de la chose donnée.

Cependant, du fait que toute chose n'est pas capable de se développer elle-même, sa charge personnelle reste toujours très faible, ce qui indique qu'une telle chose, comme une éponge, absorbera plus activement les énergies d'un plus grand énergopotentiel des autres choses ou des gens. Ainsi, toute chose reçoit toujours une énergie supplémentaire du lieu où elle se trouve et des habitants qui l'entourent. Toutes les choses sont des absorbeurs de l'énergie. Mais chacune d'elles a sa propre limite, au-dessus de laquelle elle n'est pas capable d'absorber l'énergie étrangère. Cela est généralement dû à la qualité du contenu énergétique de la matière à partir de laquelle cette chose est faite.

Quant au degré de l'utilité ou de l'inutilité d'une chose pour l'homme, le dernier doit le déterminer lui-même. Même dans les relations entre l'homme et les choses, il y a certaines nuances. Il a des choses préférées, ennuyeuses et des choses habituelles nécessaires pour l'intérieur. Il y a aussi des choses nouvelles et anciennes. Il a été remarqué que beaucoup de gens adorent les choses nouvelles. Cela est dû au fait que l'homme reçoit de nouveaux types d'énergies à travers les nouvelles choses, car il utilise rarement d'autres méthodes de l'accumulation des énergies (sous forme de cognition ou de création de quelque chose de nouveau lui-même, par exemple, une étagère ou une table). Et il aimera beaucoup cette chose jusqu'à ce qu'il en retire toutes les énergies possibles que son corps peut assimiler.

De même, les propriétaires cessent d'aimer les vieilles choses parce qu'ils (les propriétaires)* en ont pris toutes les énergies, leur alimentation s'est arrêtée et, par conséquent, les gens ont perdu tout intérêt pour elles. Mais la connexion de l'homme avec les choses nécessaires est un peu différente. Avec les choses nécessaires, l'homme effectue certains types de travail. De nombreux travailleurs aiment les outils qu'ils utilisent. Par exemple, un menuisier adorait acheter différents clous et marteaux, même s'il ne fabriquait lui-même que des tabourets au travail. Et quand le temps avait déjà tellement changé que les clous ont été remplacés par les vis mâles, les vis à bois, les vis tranchantes, alors son amour s'est tourné vers les dernières. Chaque semaine, il visitait les magasins correspondants, ou il cherchait avec enthousiasme des vis, de nouveaux échantillons, des tournevis, et quand il rentrait à la maison, il les disposait avec le même enthousiasme dans des bocaux et des boîtes, en y maintenant toujours un ordre exceptionnel. De même, nous, écrivains, on peut admettre que nos instruments préférés, comme chez les personnes qui écrivent, ont toujours été les stylos et les nouveaux cahiers. Ils nous ont toujours attirés dans les magasins comme des aimants. Et le meilleur cadeau pour nous était toujours un nouveau stylo et un cahier.

Certaines connexions régulières s'établissent entre les

interactions humaines avec les choses environnantes. Par exemple, s'il aime quelque chose, alors un échange d'énergie se produit entre lui et cette chose, certains processus commencent à fonctionner, dont il ne soupçonne même pas lui-même. Mais de tels modèles, bien sûr, ont été introduits par les Créateurs Supérieurs lorsque l'homme était à un Niveau du développement très bas, il n'aimait pas étudier, mais il était nécessaire de remplir constamment sa matrice d'énergies.

C'est alors que les Supérieurs ont inventé de tels processus qui, à part de l'activité humaine, ont inclus dans le travail les processus de son échange d'énergie avec des objets uniquement à partir de l'activation d'une seule qualité en lui, quand il aimait quelque chose. Dans ce cas, ce sont les couches éthérique et astrale qui fonctionnent. Et si l'homme n'aime pas quelque chose, un tel échange d'énergie ne se produit.

Ces derniers temps, l'homme aime satisfaire ses besoins en faisant des courses. Quand il se sent mal, il va au magasin et achète des choses.

Cela signifie que des énergies négatives se sont accumulées chez l'homme, elles doivent être neutralisées par les choses qu'il aime, c'est-à-dire, en dépensant de l'argent pour des choses achetées, l'homme se débarrasse de ses énergies négatives. Il y a son propre modèle. Et en retournant de chez soi, en admirant les choses achetées, il reçoit des énergies positives. C'est-à-dire, avec la dépense de l'argent, il se débarrasse des énergies négatives en soi-même. Il a donc un échange d'énergie grâce aux achats. Au moment de l'acquisition d'une chose, elle lui devient nécessaire. Et au fur et à mesure qu'il s'y habitue, qu'il en tire progressivement cette énergie de nouveauté, l'échange d'énergie entre eux commence à diminuer, et dès qu'il prendra de cette chose toutes les énergies qu'il est capable d'assimiler, cette chose cessera de lui plaire et passera dans la catégorie des vieilles choses ennuyeuses. L'homme ressent la nécessité d'une chose tant que la chose lui apporte un sentiment de satisfaction, puisque dans ce cas la chose interagit avec son plan émotionnel. Les choses environnantes créent constamment une certaine orientation pour l'homme, changent son humeur, ce qui suggère que son échange d'énergie avec les choses de la maison se poursuit. Même l'apparition d'une seule chose dans la maison peut améliorer l'humeur de tous les membres de la famille pour une longue période et, par conséquent, une telle chose est utile et nécessaire pour tous les membres de la famille, car elle apporte un renouvellement énergétique à tout le monde.

Les choses portent à la fois des émotions positives et négatives et, conformément, des énergies similaires. Par conséquent, il n'est pas souhaitable pour l'homme d'acquérir une vieille chose antique, ne sachant pas à qui elle appartenait, après quoi l'humeur de l'homme se détériore tout a coup, puis il tombe grièvement malade et finit par mourir.

Cela prouve déjà qu'auparavant, cette chose aurait pu être dans la chambre d'une personne grièvement malade pendant longtemps, était saturée de son énergie négative, qui a ensuite été transférée à un nouveau propriétaire avec un faible énergopotentiel, ce qui l'a finalement conduit à une triste fin. Parfois, une chose peut être gardée chez une personne qui n'est pas malade, mais est très agressive, alors son énergie peut aussi avoir un effet dévastateur sur le nouveau propriétaire de cette chose. Par conséquent, il n'est pas recommandé d'acheter de telles choses en tant qu'antiquités ou de les emporter en mémoire de certains ancêtres vieux et maléfiques.

Mais il arrive aussi qu'une fois très aimée, la chose devient ennuyeuse, semble déjà inutile, superflue. Dans ce cas, si on en a assez d'une chose, cela signifie qu'elle a survécu son époque par rapport à cet homme, elle n'est plus capable de renouveler l'énergie de son propriétaire. Pourtant, cette même chose peut plaire à une autre personne, et cela l'aidera à conserver et à continuer son existence. Cette chose peut commencer un nouvel échange d'énergie avec la couche astrale d'une autre personne, et les deux, en interaction, elles se soutiendront dans ce monde. Ainsi, en vous appuyant sur cette connaissance des interactions humaines avec les choses, vous pouvez créer et maintenir longtemps le confort et le bien-être dans votre maison, dans votre chambre. De plus, comme on le voit, avec le temps, l'énergie des choses peut changer constamment: devenir obsolète et se renouveler à nouveau.

Chapitre 8
SUR LES DÉPLACEMENTS SUBTILS ET LES VOYAGES COSMIQUES

Voyage dans le temps présent

Lecteur. Que savez-vous des voyages astraux, que représentent-ils? Bien sûr, ce n'est pas un voyage dans une « saute-temps », qui n'existe pas maintenant. Le déplacement dans le corps « subtil » est-il accessible à tous, ou seulement à quelques privilégiés? Puis-je me téléporter avec mon corps physique? Et à quel point est-ce dangereux pour l'homme non préparé?

Réponse. Les déplacements dans les corps astraux sont bien connus des gens. Certains individus ont maîtrisé la technique leur permettant à quitter le corps matériel et à se déplacer à volonté vers n'importe quel endroit sur la Terre. En même temps, en retournant, ils peuvent raconter assez en détail ce qui s'était passé sur le lieu du déplacement. D'autres témoins l'ont confirmé plus tard. (Certaines personnes sont capables de quitter leur corps physique pour une semaine. Et ce corps a l'air d'être en sommeil. Puis ils reviennent, entrent dans le corps et se réveillent.) Quand nous (les auteurs) avons juste commencé nos contacts, nous avions un groupe de gens partageant les mêmes idées, et il y avait une telle personne qui savait comment laisser son corps physique dans la couche astrale et se déplacer dans la direction qu'il voulait. De son expérience, nous savons que l'âme de l'homme voyageant de cette manière peut être piégée par des dangers sur le plan subtil. Il y a beaucoup d'êtres du plan subtil qui souhaitent prendre cette âme pour leurs propres buts, ce qui est dangereux.

Le deuxième moment dangereux est dans l'infiltration de l'âme dans son corps physique. En se déplaçant, l'âme perd une partie de son énergie, plus précisément, la couche astrale s'affaiblit, et il devient difficile pour l'âme de rentrer dans son ancien corps matériel.

Par conséquent, c'est bon quand le retour s'effectue en présence d'un groupe qui, avec un tel affaiblissement de l'âme, envoie conjointement son énergie au voyageur, en nourrissant ainsi son âme. C'est seulement après avoir reçu des énergies supplémentaires que l'âme devient capable de rentrer dans son corps.

Ainsi, comme nous le voyons, des dangers pèsent sur une âme voyageuse, c'est pourquoi les praticiens expérimentés conseillent que, lors de tout déplacement de l'âme, un maître terrestre soit présent - un soi-disant guide, qui a de l'expérience pour aider l'âme à son retour.

Un tel maître est capable de guider l'âme tout au long de son déplacement vers des lieux inconnus et de donner des conseils en cas de difficulté.

Par exemple, lorsque l'homme de notre groupe voyageait, il y a eu un cas d'une attaque sur lui par une créature négative. Et sous les ordres du maître, tout le groupe a dû combattre cette créature. Le groupe transférait son énergie au maître, et il l'a transmise au voyageur et a indiqué comment battre cette créature avec de l'énergie. Après trois coups, la créature a disparu et l'âme est entrée dans son corps en toute sécurité. Pourtant, après cet incident, nous avons cessé de faire de telles pratiques, tout en voyant à quel point elles sont dangereuses.

On voudrait ajouter également que ce n'était pas un voyage dans le temps. L'âme, comme nous tous, les observateurs, était toujours dans le temps présent, et nous nous déplacions suivant le moment présent dans le temps, comme d'habitude. Ce n'était qu'un voyage astral dans la couche éthérique de la Terre. Mais nous avons appris à quel point un tel voyage est dangereux. Après tout, si l'un des êtres du plan subtil détient une telle âme même pour quelques jours, et pendant ce temps elle ne retourne pas dans son corps matériel abandonné, alors les proches penseront que l'homme est mort et l'enterreront.

L'âme retournée n'aura pas de corps, elle pourra être attrapée pour longtemps sur le plan subtil et elle devra errer à travers la Terre avec les autres âmes des publicains, jusqu'à ce que les Substances, qui s'occupent du recueil des âmes des morts, ne l'emportent et l'emmènent là où elle doit être. Bien sûr, une telle âme sera punie pour son obstination, car il s'avéra qu'elle n'a pas accompli son programme de vie réelle jusqu'au bout. Par conséquent, dans sa prochaine incarnation, elle sera forcée de terminer ce qu'elle n'a pas eu le temps de faire dans le passé, et on lui ajoutera plus de situations afin de durcir la punition pour sa désobéissance, son caractère indiscipliné.

Directions possibles des déplacements

Lecteur. Il existe des hypothèses sur les soi-disant « portails de temps », c'est-à-dire des zones sur la terre, dans lesquelles l'homme peut se déplacer involontairement dans le temps vers le passé ou le futur. Dans quelle mesure de tels déplacements sont-ils plausibles? Y a-t-il eu des cas de déplacement des gens du futur vers notre époque? Et comment peut-on revenir d'un tel « voyage » et ne pas y rester pour toujours?

Réponse. Le plus souvent, il y a des déplacements dans le passé, car dans le monde du passé, l'énergopotentiel du temps et de l'environnement lui-même est inférieur à l'énergopotentiel du temps présent, et le courant du temps lui-même, en passant du futur à travers le présent, peut, comme une rivière d'eau ordinaire, ramasser l'homme et l'emporter dans son courant vers des situations du passé.

Le courant du temps de la Terre va du futur vers le passé en passant par le moment présent dans le temps. Mais ce courant est toujours orienté et a sa propre puissance définie. Par conséquent, à certains points particuliers de ce courant, sa puissance augmente tellement que l'homme qui est tombé à un tel moment de temps est emporté, comme une bûchette dans la rivière, et emmené dans le passé.

C'est bien si l'homme sort indépendamment du courant puissant, en s'écartant légèrement sur le côté, où son libre déplacement plus loin devient impossible, et commence à réfléchir comment il peut revenir. Il est clair que si ce courant emmène l'homme dans une antiquité lointaine, alors il ne pourra guère en revenir, il n'aura pas assez de force, de sa propre puissance.

Par conséquent, lors d'un tel déplacement, il est important de s'arrêter à temps et de sortir le plus rapidement possible du courant du temps. On ne doit jamais s'éloigner trop des lieux du déplacement initial. On doit essayer de toutes les forces d'arrêter le déplacement. Et la deuxième étape devrait être la capacité de déterminer correctement d'où vient l'homme, de sorte qu'ensuite, en se déplaçant dans la direction opposée, il revienne au point d'où le déplacement a commencé. L'orientation du soleil ne convient pas dans ce cas. Avec tout déplacement, il est important de remarquer le mouvement du paysage, par exemple, comment une bande de forêt, un champ ou une sorte de monceau se sont déplacés. Cette orientation permet de revenir au point de départ.

L'essentiel dans le voyage dans le temps est, bien sûr, la possibilité de rentrer chez soi en temps voulu. Pour cela, l'esprit d'observation est nécessaire. On peut voyager dans le passé en quelques secondes, mais pour revenir on aura besoin d'une semaine, d'une autre, des mois. Ainsi, tous les voyages aléatoires dans le temps sont dangereux, et le chemin du retour nécessitera une grande force physique et la capacité de survivre dans toutes les conditions environnementales. C'est-à-dire, les voyages aléatoires dans le passé ne peuvent donner à l'homme que des problèmes.

Par conséquent, tous les déplacements doivent être planifiés de manière que la machine soit non seulement capable de déplacer l'homme à n'importe quel moment, mais également de le ramener à son époque après un intervalle de temps spécifique. C'est important pour l'homme, car cela affecte l'accomplissement de son programme réel. Et tout manquement à l'accomplissement du programme est toujours lourd de toutes sortes de conséquences karmiques.

Ainsi, si l'homme tombe accidentellement dans certains courants de temps, il ne peut se déplacer que dans une direction - vers le temps passé. Il ne peut y avoir d'autres directions. Cependant, si on parle des déplacements spatiaux à la surface de la Terre, on peut alors se déplacer vers n'importe quel point de la planète depuis son endroit. Dans ce cas, le calcul doit également inclure les degrés du déplacement et la direction du mouvement par rapport au courant horizontal du temps lors de son passage du moment présent au passé (ou au futur).

Afin de pénétrer dans le futur ou plus précisément dans les années souhaitées (passées ou futures), un saute-temps et un calcul spécial sont nécessaires. Il faut connaître la vitesse du déplacement dans le passé et la vitesse du déplacement dans le futur, car elles seront différentes. Et pour de tels déplacements, la saute-temps dépensera une puissance différente, ainsi que de différentes quantités d'énergie.

De tels saute-temps doivent être créés par le génie des mathématiques et de la physique, car pour ces voyages, on devra combiner les connaissances les plus diverses. Ce n'est pas pour rien qu'on dit que « La connaissance est la puissance ». Le danger de tels déplacements doit également être pris en compte. Après tout, on peut se tromper dans les calculs du point de l'atterrissage souhaité et entrer dans une jungle forestière, où il n'y a ni maisons ni personnes. Et la jungle, ce sont toujours des animaux sauvages, c'est un danger. Par conséquent, avec de tels déplacements, il est également bien pour l'homme d'avoir tel ou tel équipement de protection individuelle, de préférence celui énergétique. À propos, tous les extraterrestres qui arrivent chez nous possèdent une telle protection, ce que les gens eux-mêmes ont observé plus d'une fois.

Temps est une construction méthodique de l'âme

Lecteur. Dans vos livres, vous écrivez que les programmes des gens ont une structure d'hologramme et ne se déroulent qu'au moment présent avec la participation de l'individu lui-même. Et si lui, tout en utilisant un saute-temps, se déplace soudainement dans le passé, mais pas vers sa propre version du chemin du développement, mais vers une autre, cela ne conduira-t-il pas à la dégradation de son âme? Cela n'affectera-t-il pas tout le développement de la société, comme dans le film « Retour vers le futur »?

Réponse. Oui, la réalité objective est construite de telle manière que le perfectionnement de l'âme humaine se fasse à travers le moment présent dans le temps. Cependant, les autres options offertes à l'homme pour son choix, ont d'autres objectifs.

La deuxième option peut tester l'homme pour le degré de la tendance de son âme à la dégradation, et la troisième option le conduira dans le Système négatif. Et donc, si, en utilisant un saute-temps, l'homme arrive de sa version de la progression positive vers d'autres options, alors il violera toute la séquence de la construction des qualités dont il a besoin sur la voie positive qu'il a choisie. Il aura des constructions chaotiques dans les cellules.

S'il se trouve sur le chemin de la dégradation dans le passé et le suit, il ne gagnera pas les énergies qui devraient compléter ses qualités positives. De plus, certaines situations le forceront à détruire les qualités positives et utiles qu'il a déjà partiellement construites. Par conséquent, lorsque l'homme une personne accède à l'aide de la saute-temps aux autres options disponibles dans son programme de vie, non seulement la séquence de son développement positif progressif sera perturbée, mais également l'accomplissement de tout le programme de la vie présente. Par conséquent, lors des déplacements, il ne faut jamais rester pendant longtemps dans des situations passées, afin de ne pas perturber la séquence des constructions positives.

Sinon, les Juges Supérieurs peuvent considérer l'incarnation entière comme une dégradation, qui a violé toutes les constructions positives de la personnalité. Dans ce cas l'homme peut obtenir de grandes énergodettes et le nombre de ses incarnations peut augmenter de manière significative, ce qui n'est pas souhaitable pour un individu, car les vies supplémentaires sont en même temps de nombreuses mauvaises actions inutiles, l'apparition de nouvelles dépendances karmiques et d'autres choses indésirables. Et le plus important, l'homme veut toujours atteindre un monde meilleur le plus tôt possible et vivre heureux, et ne pas souffrir pendant longtemps dans des situations de punition et d'objurgation par les autres.

Quant à la vie de l'âme dans le passé ou dans le futur, alors cela n'existe pas vraiment, à cause des principes législatifs de sa construction et de son développement graduels et cohérents. Si l'âme veut toujours exister éternellement, en oubliant la mort et les châtiments sévères, alors elle doit se développer d'une manière strictement cohérente afin de construire en elle-même des liens et des qualités forts, sur lesquels les super-pouvoirs de l'individu et la dépendance de son bien-être seront alors formés. Bien sûr, l'homme aspire non seulement à vivre longtemps, mais aussi à posséder une sorte de capacités paranormales afin, comme il le pense, d'étonner les autres, de profiter de ses propres compétences et d'avoir la supériorité sur les autres. Aujourd'hui l'homme pense de manière primitive et ne comprend pas que les pensées pareilles sont une illusion, une voie égoïste du développement sans issue. Le plus grand principe de l'acquisition des super-pouvoirs est que c'est grâce à ses qualités paranormales que son développement ira plus loin. Toutes ces réalisations magnifiques nécessitent une séquence strictement spécifique de la construction d'énergies selon les lois de l'Univers.

Alors, la cohérence et les Lois permettent une existence éternelle aux qualités et aux structures de l'âme. Donc, ici, on ne peut plus choisir, mais on doit se fixer un but et y aller sans relâche, tout en choisissant les options du développement les plus optimales. Peut-être, il vaut mieux renoncer à ses voyages dans le temps, en les remettant pour un certain temps jusqu'à ce que les premières grandes propriétés soient atteintes.

On voudrait répondre encore à une autre question du lecteur. La vie de l'âme peut exister dans le passé ou dans le futur, mais elle ne peut pas être comptée par les Supérieurs, car dans ces variantes de l'existence, il n'y aura pas de séquence de construction des cellules de la matrice, ce qui entraîne l'affaiblissement des structures, tandis que l'Éternité exige précisément les constructions de haute qualité, et la haute qualité n'est assurée que par la séquence de la connexion des Niveaux d'énergies acquises par l'âme.

Une telle dépendance existe en tout. Par conséquent, comme on dit, sans comprendre tout, il vaut mieux que l'homme obéisse à ses Maîtres Supérieurs et remplisse strictement toutes leurs exigences pour le développement des âmes. Sinon, l'éternité peut s'éloigner de l'âme pour des milliers d'années.

Quel avenir l'homme veut-il entrevoir

Lecteur. Je voudrais poser une question sur la possibilité des voyages dans le temps. Quand est-il possible de les réaliser: est-ce uniquement entre les points spécifiques du programme sur lesquels vous écrivez, ou est-ce possible à tout moment? Comment peut-on arriver au point souhaité de la variante nécessaire du programme, s'il y en a plusieurs? Ou est-ce impossible?

Réponse. Il est toujours possible de se projeter dans le futur lorsque le choix a déjà été fait par l'homme et le programme a commencé à dévoiler les événements du futur. Mais le futur dure de nombreuses années, il y a donc des événements proches, il y en a plus éloignés, et donc le déplacement après que le choix de la propre voie est fait par l'homme reste possible.

Tout dépend du fait dans quel avenir l'homme veut se déplacer. Bien sûr, le futur proche n'a pas d'intérêt, puisque la vie de l'humanité change assez lentement et donc le déplacement, disons, à l'époque qui est éloigné de 20 ans du moment présent, n'a pas d'intérêt particulier, car elle ne différera pas beaucoup d'aujourd'hui.

Pourtant, le déplacement dans les situations, qui se produiront dans cent ou cent cinquante ans et seront déjà très différentes du présent, sera plus intéressant. Mais, bien sûr, l'intérêt de l'homme à l'avenir dépend de ce qu'il veut y voir.

Par exemple, il veut savoir s'il deviendra, par exemple, le chef d'une grande entreprise dans l'avenir, et il sera alors intéressant pour lui de se voir dans 20-30 ans. De plus, à l'heure actuelle, il peut en apprendre quelque chose pour être un bon dirigeant de l'entreprise et continuer à occuper sa place jusqu'à la retraite.

Mais si, néanmoins, il s'intéresse à un avenir plus lointain, alors il peut regarder plus loin, tracer, par exemple, la ligne du développement de sa famille, voir ses descendants et apprendre leurs succès.

Particularités du développement des planètes

Lecteur. Les éruptions volcaniques sont très fréquentes sur notre planète. Existe-t-il de telles éruptions sur les planètes du système Solaire, à part de la Terre? Aucun de nos astronomes observateurs n'a jamais parlé de ce sujet, et il semble donc que les éruptions volcaniques sont spécifiques à notre planète seulement.

Réponse. Peu de planètes se trouvent dans le champ visuel de l'homme. Mais sur de nombreuses planètes éloignées de la Terre, les éruptions se produisent aussi souvent que sur la Terre. Pourtant, même si on prend les planètes les plus proches, alors beaucoup de choses y peuvent être vues. Par exemple, Mars. Bien sûr, là l'homme ne les verra pas. Mais les êtres énergiques qui y vivent les voient très bien. Ils réagissent à ces éruptions de la même façon que l'homme le fait aux éruptions terrestres, c'est-à-dire, ils en ont peur.

Lecteur. Y a-t-il des planètes sans vie dans notre Cosmos?

Réponse. Non. Presque toutes les planètes sont habitées, chacune d'elles a sa propre forme de vie.

Lecteur. Lors du développement de la Sixième Race, la Terre donnera moins d'énergie au Cosmos que pendant le cycle du développement précédent, ou plus?

Réponse. Pendant un nouveau stade du développement associé à l'émergence de la prochaine Sixième Race, le volume de l'énergie envoyée de la Terre vers le Cosmos augmentera plusieurs fois. C'est la raison pour laquelle a été créée pour le Cosmos et ses besoins. Sa remise correspond aux besoins du Cosmos, et la quantité d'énergie dégagée a été calculée initialement. Avec l'arrivée de la Nouvelle Race sur la Terre, la planète produira plus d'énergie pour le Cosmos. Tout cela est prévu au départ.

Chapitre 9
PARTICULARITES DE L'EXISTENCE ENERGETIQUE

Ce qui passe aux âmes pendant le changement des races

Pour ramasser les âmes des gens après leur mort, les Supérieurs ont construit une structure spéciale du plan subtil appelé le Distributeur (ou le Séparateur) dans l'espace proche de la Terre. La construction a reçu le nom de « Distributeur » parce que c'est là que se produit la distribution des âmes des gens après leur mort en fonction des Niveaux de leur développement. La distribution se fait automatiquement en fonction de la quantité du potentiel que l'âme a accumulé pendant une vie donnée. L'âme de celui qui a accumulé peu d'énergies ou s'est dégradé et, par conséquent, possède un faible énergopotentiel, se dirige automatiquement vers les Niveaux inférieurs du Distributeur, celui qui a un énergopotentiel moyen, se dirige vers les Niveaux moyens de la structure, etc.

Le mot « Séparateur » contient la même base sémantique et exprime également la division des âmes selon le critère énergétique, et plus précisément selon l'énergopotentiel. La partie supérieure du Distributeur (Séparateur), où les âmes entrent après le Jugement et le nettoyage, représente une structure pour déposer les âmes et s'appelle le « Dépôt des Âmes ». Elles y restent jusqu'à la prochaine incarnation.

Pour chaque civilisation terrestre, son propre Distributeur a été construit. Par conséquent, pour notre cinquième race également, même avant son apparition, on a construit une structure spéciale pour ramasser les âmes. Le Distributeur a été construit pour la gamme d'énergies dans laquelle la nouvelle race allait se développer. Et comme le Niveau du développement augmentait de race en race, et conformément la gamme d'énergies traitées par l'humanité augmentait également, l'ancien Séparateur ne pouvait plus accepter les âmes des gens de la race suivante, car elles traitaient les énergies pour lesquelles le travail de ce séparateur n'a pas été conçu. Par conséquent, le Séparateur de la troisième race ne pourrait pas accepter les âmes des gens de la quatrième race, et celui de la quatrième ne pourrait pas travailler avec les âmes de la cinquième race.

En créant de nouveaux Distributeurs de race en race, les Supérieurs amélioraient leurs structures. Pourtant, la raison du remplacement de cette structure par d'autres n'est pas seulement la progression des âmes, accompagnée de l'augmentation de leur Niveau du développement, mais aussi les progrès des technologies spatiales, le changement du nombre de races.

Le Distributeur de chaque civilisation ultérieure traitait la gamme d'énergies plus élevée, ce qui signifie que toutes les caractéristiques énergétiques sur lesquelles la technologie a été construite ont changé.

Du fait que la sixième race qui suit notre cinquième race doit travailler avec des énergies encore plus élevées, ce qui entraînera d'autres changements dans la réception des âmes sur le plan subtil. Notre Distributeur sera repensé étape par étape. À la fin du deuxième millénaire, les gens appartenant à une nouvelle race étaient déjà apparues sur la Terre. Ce ne sont que des enfants maintenant (à l'époque de 1998). Mais pour eux, il y a déjà un nouveau Distributeur, temporaire pour le moment, juste pendant une période de transition, puis celui permanent sera construit.

La sixième race est composée de gens complètement différents, plus énergiques, travaillant avec une gamme d'énergies plus élevée et plus étendue. Ainsi, dans le fonctionnement de la nouvelle installation du Distributeur, tout ce qui concerne les nouveaux types d'énergie va changer. Un « Aimant énergétique » qui attire les âmes vers le canal sera réglé sur de nouvelles fréquences d'énergies des âmes. Par exemple, le Distributeur temporaire pour la sixième race est conçu pour d'autres fréquences énergétiques, plus élevées que pour la cinquième race. Par conséquent, l'âme de notre contemporain ne pourra pas y entrer, mais les âmes de ces enfants indigo y entreront déjà.

Le mécanisme du fonctionnement ultérieur au sein du futur Distributeur changera également, car les gens de la sixième race auront des programmes différents, un karma différent et tout le reste. Tout l'intérieur va changer, le processus même du travail avec les âmes. Mais le Purgatoire persiste également.

Déterminant et élève

1. Qui s'occupe de la sélection des âmes pour la Terre.

154

Lecteur. Je voudrais faire quelques précisions concernant le Déterminant, en tant que Maître principal, et son élève. J'ai essayé de voir clair cette question pendant longtemps, mais il y a encore des ambiguïtés que je voudrais clarifier avec vous afin d'établir toutes les dépendances et modèles par rapport à ce qui est le maître et ce qui est l'élève, et quoi, à la fin, l'enseignement apporte-t-il à l'âme?

Pourtant, beaucoup de choses restent ambiguës, par exemple, qui et dans quel ordre attribue le Déterminant à l'élève? Après tout, d'une part, c'est la jonction des connaissances de différents Niveaux et, d'autre part, la jonction de différents Niveaux de conscience et de compréhension. À cet égard, j'ai donc moi-même produit une telle compréhension de cette jonction des différents Niveaux de conscience. Il s'avère, que plus l'élève est stupide, plus le Déterminant a d'opportunités de monter plus haut?

Réponse. Dans les sphères Célestes, qui s'occupent de la gestion de l'humanité, il existe un Système spécial qui est directement impliqué dans la gestion des âmes sur la Terre. Ce système a son propre personnel - Déterminants de différents Niveaux, c'est-à-dire, des Maîtres Supérieurs à divers degrés de la qualification. Au-dessus d'eux se trouvent les Gouverneurs, et encore plus haut sont les Fondateurs.

Mais les élèves pour les Déterminants ne sont pas choisis normalement par les Fondateurs eux-mêmes, mais surtout par le Système technique, puisque pour la sélection des âmes il est guidé par de très nombreuses exigences. Le Système prend également en compte le type d'âmes dont la Terre a besoin en termes de qualité énergétique en tel ou tel endroit de sa surface pour une période donnée du développement de la planète. Le Système prend également en compte les qualités que le Déterminant doit améliorer pour s'élever encore plus haut, et bien plus encore.

Et de plus, il faut tenir compte du fait que chaque temps doit avoir son propre groupe d'âmes, sélectionné strictement en fonction de l'énergie nécessaire requise par la planète, car après, c'est de ces âmes que la Terre recevra l'énergie manquant à son développement. Pourtant, il y a des périodes où les âmes développées sont envoyées, et il y a des moments où les âmes basses s'incarnent, et c'est déjà un pouvoir énergétique différent des âmes elles-mêmes, leurs différents énergopotentiels.

C'est le Système technique qui calcule quoi envoyer et quand. Cela est dû à l'envoi à la Terre de l'énergie d'une certaine quantité et qualité. Et il est nécessaire de souligner une fois de plus que l'humanité n'existe que parce que la Terre, en tant qu'un énorme organisme cosmique, a besoin d'énergie de différents Niveaux et types. A certaines périodes, elle nécessite de différentes quantités et qualités d'énergies. Le Système technique détermine par ses calculs qu'une année il est nécessaire d'envoyer un nombre d'âmes à un potentiel strictement défini, et une autre année, il est nécessaire d'envoyer un autre nombre spécifique d'âmes mais à un potentiel et une qualité différente.

C'est le travail du côté technique, c'est-à-dire du Système technique, qui doit tout calculer. Et après tout cela, quand toutes les questions techniques sont résolues, on se tourne vers les Substances qui sont en charge du Dépôt des âmes, et elles sélectionnent les âmes conformément aux données et paramètres énergétiques requis.

Seulement après cela, les âmes choisies sont déjà à la recherche de leurs principaux Déterminants. C'est-à-dire, un tel personnel des Maîtres Célestes est constamment disponible, mais, cependant, il existe, encore une fois, certaines corrélations entre le Niveau du développement de l'élève et le Niveau du développement du Déterminant. Ces corrélations ont été développées il y a longtemps et, au cours du développement des civilisations sur la Terre, elles se renouvellent périodiquement avec de nouvelles conventions et dépendances.

Un Déterminant très développé ne recevra jamais un élève très bas, car Lui-même Il ne pourra pas recevoir de lui l'énergie dont il a besoin et Il ne pourra pas grandir à cause des accumulations d'un élève bas. Chaque âme de l'élève n'est capable de gagner qu'un certain Niveau d'énergie au cours de sa vie. L'âme gagne de l'énergie par portions et ne peut pas en acquérir plus que cette portion, sinon elle explosera. La construction énergique des âmes se déroule de manière mesurée et graduelle. Par conséquent, généralement un élève très faible peut donner très peu. Et cela contredirait déjà aux possibilités de son perfectionnement maximum conformément à son haut Niveau du développement. C'est donc inacceptable.

2. Si le Déterminant apprend de son élève.

Lecteur. Mais cela signifie également: plus l'élève est stupide, plus long et plus grand sera le chemin de son développement qu'on peut suivre avec lui, ce qui permet de faire plus d'accumulations dans son propre monde, grâce à l'apprentissage de quelque chose chez soi des autres Déterminants. D'ailleurs, après tout, le changement du temps du développement change la vie des élèves et, il me semble, on peut toujours emprunter quelque chose de nouveau à l'élève. Après tout, si le Déterminant a guidé quelqu'un il y a 100 ans, alors les élèves du 21ème siècle se distingueront par la connaissance du nouveau, dont le Déterminant pourra faire ses nouvelles accumulations?

Réponse. Pour être spécifique, avec le même élève à intellect bas, Il n'obtiendra rien de nouveau parce que cet élève, en raison d'une mauvaise assimilation des connaissances initiales et pour les consolider, sera constamment renvoyé en arrière, afin qu'il en acquière plus par petites portions. Mais si un élève est développé et a accumulé un grand potentiel, il est comme une machine a une grande performance. Comparez un petit moteur et un grand moteur - ce dernier générera plus d'énergie. Et alors, pourquoi un Déterminant élevé doit-il perdre son temps avec un élève faible? Après tout, le Maître veut également avancer le plus rapidement possible et passer à un Niveau plus élevé et plus intéressant pour lui. Les Déterminants s'efforcent également de gravir les Niveaux le plus rapidement possible. Le développement conjoint comporte de nombreuses nuances différentes, dont on doit également tenir compte. Il arrive que ces subtilités puissent être immédiatement combinées avec succès lors de la sélection d'une paire telle qu'un Maître et un élève, mais parfois elles doivent être réglées par le Maître et l'élève pendant l'accomplissement de leurs tâches principales au cours de leur travail commun avec la Terre.

Pourtant, fondamentalement, lors de la sélection du Déterminant pour un élève, on utilise des normes, ou des tableaux spéciaux comme sur la Terre pour des corrélations des potentiels de l'élève et du Maître. Tout d'abord, on se guide par eux, puis il y a des améliorations dans les relations des deux.

3. Quels paramètres des âmes le département technique relève-t-il.

Lecteur. Quels paramètres de l'homme le service technique prend-il en compte? Et quand les paramètres sont-ils relevés de l'âme?

Réponse. Tous les paramètres de l'âme en sont relevés après chaque incarnation, ou plutôt après purification. Lorsque l'âme passe le Jugement Dernier, elle entre tout de suite au Purgatoire, où il y a également son propre département qui s'occupe de la détermination de toutes ses structures de mauvaise qualité. Tout ce qui est de mauvaise qualité est identifié et nettoyé. Ensuite, l'âme subit un autre test de résistance des constructions de haute qualité sur un appareil électrique spécial. L'appareil vérifie la construction de chaque qualité, puisque la connexion des Niveaux dans la construction de toute qualité doit obéir à certaines lois de construction. Même si le Niveau nécessaire d'une telle ou telle qualité est construit, mais il ne correspond pas à l'énergopotentiel normatif requis, alors cette couche de l'énergie est nettoyée en raison du manque de durabilité de la connexion des Niveaux de qualité. Alors cette âme est forcée dans la prochaine incarnation de répéter l'accumulation des énergies de même qualité et de même Niveau. La deuxième fois, l'âme fait des accumulations déjà plus durables et, ainsi, la couche répétée devient apte à l'utilisation pendant le travail de qualité en mode automatique.

Le service technique prélève des indicateurs énergétiques de chaque cellule de la matrice de l'âme. C'est-à-dire que dans ce cas, cela permet de savoir quel devra être le type d'énergopotentiel de la prochaine qualité en sa jonction avec la qualité existante. Parfois, pour que l'âme développe une qualité plus surpuissante, il est nécessaire de combiner des cellules de plusieurs qualités à la fois. De plus, de telles combinaisons contribuent à rendre les qualités uniques et intéressantes. Par exemple, il y a maintenant des enfants avec de telles capacités supranormales qui étonnent par leur présence en exécution simultanée - ils sont capables de contourner certains obstacles à vélo ou de faire des actions physiques et en même temps de faire des calculs dans leur tête. C'est-à-dire, la combinaison générale de qualités permet de former une nouvelle qualité augmentée de comptage, ce qui permet de ne pas prêter attention aux changements dans le monde entourant, de se déplacer rapidement dans une direction donnée et en même temps de faire des calculs d'une manière ciblée. Une telle combinaison permet de former une nouvelle qualité augmentée de l'attention humaine, ce qui est toujours important pour une âme dans un monde dangereux. Et la connaissance des valeurs utilisées des énergopotentiels des qualités combinées permet de déterminer à partir de quel énergopotentiel on peut commencer à construire une nouvelle qualité de l'attention et jusqu'à quelle valeur elle peut être développée davantage.

Ainsi, le service technique calcule l'énergopotentiel de chaque qualité déjà acquise, révèle les cellules dont la construction est déjà achevée afin que ces cellules puissent être utilisées dans d'autres nouvelles constructions, tout en augmentant les propriétés de l'âme, et quelles cellules ne sont pas encore achevées, et à partir de quel Niveau et de quel énergopotentiel il faut augmenter telle ou telle qualité. Ainsi, le Système technique doit également travailler dur et garder de nombreux détails différents sur telle ou telle âme.

Demander le Déterminant d'éviter un accident

Lecteur. Dans une des conférences vidéo, Ludmila Leonovna a déclaré qu'il y aurait des accidents dans le métro, etc., et a souhaité que les gens évitent cela, elle a dit : « demandez votre Déterminant que, si un accident était prévu, vous n'y soyez pas. Il s'avère que l'accident n'est pas prévu avant la naissance?

Réponse. Tout dépend si l'homme a un programme rigide, ou s'il a un choix des situations. Celui, qui en a, a toujours une chance d'éviter l'accident.

Rôle des superstitions dans le développement de l'homme

Lecteur. L'homme a la Foi, et il a des superstitions. Quelle est la différence entre elles?

Réponse. La Foi est la constatation que l'homme n'est pas capable de voir le plan subtil, c'est-à-dire, la constatation de l'existence de Dieu, qu'il n'a jamais vu, mais l'homme doit croire en Lui, croire qu'Il existe, qu'il est au-dessus de lui en développement et, de plus, cette Foi doit aussi constater que Dieu le dirige et envoie périodiquement à toute l'humanité sur la Terre les Lois que les gens doivent suivre.

Le concept de foi peut être interprété comme la foi en quelque chose dans la vie, en tant que connaissance de cela, et l'homme a de plus une Foi séparée, celle religieuse. Par conséquent, on cite ces deux définitions de Wikipédia.

La foi (du latin fides, « confiance ») désigne étymologiquement le fait d'avoir confiance en quelque chose ou quelqu'un1. En général, cela revient à juger authentiques certains évènements. Dans le domaine religieux, la foi induit souvent une dévotion et des comportements censés traduire cette conviction. La foi est la condition de toute religion et la motivation de sa pratique.

Une telle croyance est généralement basée sur l'expérience des autres gens qui ont vécu une longue vie, ou sur la base des propres connaissances, des théories étudiées des scientifiques et des traités philosophiques. Parfois, la foi d'un enfant vient de la foi en un adulte, c'est-à-dire, la foi vient de son obéissance et de l'acceptation qu'un adulte avec beaucoup d'expérience dans la vie a toujours raison, donc on peut lui faire confiance. Ici, la foi est comme la confiance à quelqu'un qui a déjà beaucoup d'expérience dans la vie.

Quant à la foi religieuse, elle a une base différente, car on y demande de l'homme de croire en ce qu'il n'a jamais vu (en Dieu, Substances Supérieures, Maîtres Célestes et Habitants Célestes), et l'homme ne pouvait voir tout cela que sur les images - sur les icônes. Par conséquent, cette foi a une particularité d'être *foi* à l'irréel. L'homme doit croire en ce qu'il n'a jamais vu, ce qu'il n'a jamais entendu. Dieu Lui-même et les Personnalités Supérieures sont subjectifs pour l'homme, et les capacités de Dieu le transforme généralement en une Personnalité Surnaturelle. Par conséquent, une telle foi est complexe et demande, d'une part, de maintenir la foi de l'homme par la durée de l'existence de la foi elle-même parmi de nombreux peuples du monde et, d'autre part, elle demande sa justification périodique (de la foi) par des miracles.

L'objet de la foi d'un individu religieux est objectivé, l'homme est convaincu que l'objet de sa foi n'est pas une pensée ou un concept de Dieu, mais Dieu Lui-même en tant qu'objet réellement existant.

Lecteur. Peut-on faire confiance aux superstitions? Comment apparaissent-elles dans la vie de l'homme? Par exemple, ma grand-mère m'a dit que dans sa jeunesse elle ne croyait en rien, mais après avoir vécu la moitié de sa vie, elle a compris qu'elle était devenue très superstitieuse. En général, les gens en ont-ils vraiment besoin (de superstitions)*? Il est peut-être temps de s'en débarrasser.

Réponse. La superstition est un préjugé religieux ou autre, c'est-à-dire, une croyance ou une pratique basée sur la perception de forces qui ne peuvent pas être expliquées par les lois de la nature ou de la science, car ces forces ne trouvent pas leur fondement dans la doctrine religieuse ou dans la vie elle-même.

Les superstitions s'appuient sur le travail du Déterminant. Elles peuvent être attribuées à l'élément de l'éducation de son élève par le Maître. Si un élève croit en quelque chose, alors parfois son Déterminant l'utilise. Il essaie de maintenir sa foi par une sorte de signe.

Si l'homme veut prouver qu'il ne croit pas à ces signes, qu'il n'y prête pas d'attention, alors le Déterminant soutiendra cette incrédulité.

C'est-à-dire, si un chat noir croise le chemin d'un élève et il n'y prête pas d'attention, rien ne lui arrive. Dans ce cas, le Déterminant lui-même dirige la situation pour que rien n'arrive à son élève, et de cette manière il soutient l'incrédulité de son élève. Mais si le dernier croit au mauvais présage, le Déterminant, par exemple, peut faire tomber son élève, après avoir trébuché, pour qu'il continue à croire à ce présage. Il le fait pour qu'il puisse utiliser ce signe dans l'avenir afin d'aider son élève dans une autre situation plus désagréable, en l'aidant à être sauvé.

C'est-à-dire, le Déterminant soutient parfois la superstition de son élève afin de l'aider dans des situations dangereuses de la vie. C'est une sorte de communication avec l'élève dans sa langue et l'utilisation des croyances et des concepts correspondants pour résoudre certains problèmes de la vie. Par conséquent, si l'homme croit aux chats noirs traversant la route, alors le Déterminant utilise ce schéma pour avertir son élève du danger, si ce dernier n'est pas superstitieux, alors ce schéma ne fonctionnera pas, et il n'est pas utilisé par le Déterminant.

Toutes les superstitions parmi les gens viennent généralement du passé, car beaucoup d'entre elles se sont formées au fil des millénaires par les observations de certains gens, ce qui les soutient davantage dans la mémoire des témoins. Certains Déterminants, afin de développer la qualité d'observation de leur élève, soutiennent certains signes spécialement. Si un chat noir croise le chemin d'un élève, les Maîtres Supérieurs essaieront bien que quelque chose de négatif apparaisse dans sa vie au cours des 4 - 5 heures suivantes. Cela est fait exprès et seulement dans le but de sauver l'élève d'un problème plus grand. Grâce à certaines superstitions de leurs élèves, les Déterminants parviennent à les sauver de blessures, et parfois d'événements plus tragiques.

Qui fait 2% d'âmes

Lecteur. Dans le livre de Diana Seklitova « À la recherche du troisième monde», dans le dialogue entre Jésus-Christ et le Hiérarque négatif, où on parle du pourcentage d'âmes en perfectionnement et de celles qui se présentent devant le Grand Jugement, il y a les mots suivants – « ... Cet expériment terrestre est devenu une entreprise très profitable pour Vous, bien que nous ayons subi des pertes importantes, pourtant d'un point de vue qualitatif, une telle variante du développement des individus s'est avérée très prometteuse pour Nous, car ces deux pour cent valent en réalité la totalité de Vos soixante, puisqu'ils peuvent créer pour nous des milliards d'âmes nouvelles... » Est-il possible de révéler plus en détail dans quelle partie de la Hiérarchie Divine ces deux pour cent entreront et sur la base de quoi la création de nouvelles âmes aura lieu?

Réponse. 2% comprennent des personnalités Hautement Développées qui ont parcouru un long chemin du développement sur la Terre et se sont enrichies d'une vaste expérience de vie. Elles ont toutes des qualités particulières. Ces 2% d'âmes entrent dans la Hiérarchie de Dieu, sans passer par le Jugement Dernier.

Leur vie dans la 5ième race sera la dernière dans le monde physique. (À l'heure actuelle – à la fin de la cinquième race, elles ne seront bien sûr pas envoyées, car cette période est principalement destinée au passage de la vie finale par les âmes les plus perdues du point de vue karmique. Leur sort n'est pas encore clair et sera décidé lors du Jugement Dernier.)

Elles ne passeront pas par les 6ième et 7ième races, mais entreront immédiatement dans une mini-Hiérarchie spéciale située au premier Niveau de la Hiérarchie Divine, destinée aux âmes de la Terre. Toute cette mini-Hiérarchie devrait, dans l'ensemble, produire une certaine qualité des âmes, pour laquelle la planète Terre a été créée. Et, bien sûr, elle contient des mondes qui peuvent être considérés comme un paradis par rapport au monde terrestre inférieur.

Ces âmes par la suite, en passant par les Niveaux de la Hiérarchie Divine, maîtriseront le processus de la spiritualisation. Et donc, 2% de Personnalités capables de créer et de spiritualiser les âmes dépasseront 60% des individus passés au Diable et ne possédant pas de spiritualisation, puisqu'ils ne peuvent créer aucune forme de vie (seulement des robots). C'est pourquoi 2% des gens de Dieu sont incomparables à 60% des gens du Diable.

Traîtres de Dieu

Lecteur. Dans le livre « Secrets de la Réalité », le chapitre « Rejet des Ames », vous rapportez que 8% des âmes sur 40% ont déjà été transférées à l'Hiérarque négatif en ce moment à cause de leur attitude immorale, cruelle ou grossière envers le Créateur Lui-même, leur trahison de Dieu. Par rapport à la population actuelle de notre planète, cela représente environ 230,4 millions d'âmes de la Terre. Ce sont des pays entiers? Dans les derniers textes dictés de L.I. Maslov, on a mentionné plus d'une fois des informations sur la trahison du Tout-Puissant.

Cette information est très triste et effrayante dans son essence.

Comment et par quelles actions peut-on trahir les Parents Célestes sur la Terre? Nous sommes des enfants de la Lumière! Par un mauvais choix? Les péchés et les erreurs, associés à l'ignorance et à l'insuffisance de la connaissance des Lois du Cosmos, ne sont pas encore une trahison. Le développement de l'humanité à travers la création des états, les guerres, le destin de l'humanité, des pays et des nations - tout est planifié par le « Haut ». Les gens ne sont que des exécuteurs avec un peu de liberté de Choix.

Quelles actions des gens sur la Terre ont été déjà identifiées comme une trahison par les Organes Judiciaires Supérieurs et le Service de Sécurité de l'Appareil du Créateur Lui-même? Puis-je demander votre opinion? N'est-il pas vrai que par l'esprit d'une certaine partie de l'humanité, ou comme on dit sur la Terre « par les mains de quelqu'un d'autre », on a trahi le Créateur Supérieur là, à certains Niveaux?

P.S. Si mes pensées et mes questions sont incorrectes pour vous, veuillez m'excuser.

Réponse. Ces 8% incluent les âmes qui ont volontairement conclu un accord avec l'Hiérarque Négatif pour passer volontairement à Son côté pour recevoir de Lui des avantages matériels, du pouvoir, des capacités paranormales, etc. La principale chose pour laquelle Dieu était en colère contre elles, c'est qu'elles L'ont délibérément échangé (Dieu) contre leurs désirs, tout en décidant de s'élever indépendamment sur la Terre, contrairement à leur programme.

Toutes les trahisons proviennent des qualités de l'âme de l'homme et du droit de choisir qui lui est donné, qui n'est pas influencé par les Supérieurs.

Travail avec les énergies dans l'église

Lecteur. Qu'est-ce que c'est que l'alimentation en énergie et décharge des énergies négatives? Comment peut-on l'utiliser dans le baptême?

Réponse. Il y a des exercices de yoga pour cela. En outre, l'homme peut être énergisé dans l'église chaque fois où un service a lieu. Les paroissiens, qui se trouvent dans un temple, sont dans le courant d'énergie, et en répétant les prières, ils reçoivent de l'énergie de recharge des Supérieurs. En ce moment, il ne faut pas croiser les bras et les jambes. La décharge d'énergie négative pour les chrétiens se produit lorsqu'ils s'inclinent en se tenant debout quand l'homme a déjà été nourrie d'énergie. En même temps, les énergies reçues au moment de l'écoute des prières, ayant un potentiel plus grand, repoussent les énergies « sales » qui ont un potentiel plus faible. C'est comme ça que le nettoyage se produit. On peut se nettoyer à la maison également, mais dans ce cas, l'effet sera moindre. À la maison, l'homme doit mettre une bougie allumée devant l'icône et répéter les prières plusieurs fois. Lors de la répétition, il recevra une alimentation en énergie et en s'inclinant, il rejettera sa négativité. Cela doit être fait pendant 20-30 minutes.

La répétition des prières donne toujours de l'énergie aux corps subtils* de l'homme. Certains exercices de yoga fournissent également une telle alimentation. La lecture de nos informations contribue également à alimenter les couches subtiles des lecteurs en hautes énergies. Et nos trois Nouvelles Prières aident à nettoyer les énergocorps subtils de la saleté. En même temps, elles enrichissent les énergocorps* de l'homme par les types d'énergies élevées.

Fonction du Nouveau signe de la Croix

Lecteur. Comment découvrir les différentes particularités du fonctionnement du Nouveau signe de la Croix, données par Alexey Garass? Elles ne sont reconnues que par les initiés dans le livre! C'est-à-dire, les Supérieurs, Dieu lui-même donne les connaissances sur le développement de l'âme, de la matrice, ou est-il possible de recevoir ces informations de vous, les auteurs?

Réponse. Le nouveau signe à huit pointes poursuit l'orientation des fonctions de la croix chrétienne à quatre pointes. Par conséquent, sa prédestination, a part de celles indiquées dans le livre « Le chemin vers l'inconnu » (Chapitre 7, article « Nouveau baptême »), comprend les fonctions suivantes:

1) la nouvelle croix à huit pointes dans sa puissance surpasse de manière significative la puissance de la croix à quatre pointes et, sur cette base, nettoie mieux les couches subtiles de l'homme de tous les parasites et entités énergétiques. Si vous faites le signe de la croix sur

les fenêtres et les portes, ces entités ne pourront pas les traverser. Et si vous faites le signe de la croix 3 fois sur tous les murs, le plancher et le plafond, alors aucune entité négative plus puissante ne pourra pénétrer dans votre appartement;

2) elle rompt bien les connexions-ventouses venant de toutes sortes de magiciens, sorciers et vampires énergétiques. Certains gens essaient de tirer leur énergie des autres et de leur mettre des ventouses, et quand l'homme va dormir, ils en tirent de l'énergie, ce qui le fait se réveiller tout brisé. La croix rompt ces ventouses et préserve l'énergie de l'homme;

3) si vous faites le signe de la nouvelle croix sur votre ennemi de manière imperceptible, alors il changera son attitude envers vous pour le mieux;

4) elle aide à éliminer les pannes de l'aura de l'homme causées par le négatif des autres gens;

5) elle aide à restaurer l'aura endommagée par son propriétaire (c'est-à-dire, par soi-même). Cela se produit lorsque l'homme blasphème ou essaie d'accomplir des rituels, en faisant diverses erreurs; ou subit le stress des actions des autres, quand le stress déforme son aura et le rend vulnérable aux autres, ou s'il est très effrayé par quelque chose;

6) avec le signe on nettoie les locaux (pièces de l'appartement) de toutes entités, et chez le médecin psychique, qui a reçu les malades, elle nettoie les locaux des énergies sombres.

La différente manière de se signer chez les catholiques et les orthodoxes

Lecteur. Les chrétiens orthodoxes se croisent de droite à gauche, tandis que les catholiques et les protestants font le contraire. Y a-t-il une grande différence énergétique? Peut-on commencer un nouveau signe de la croix à huit pointes de manière orthodoxe aussi bien que celle catholique? Ou doit-on le faire strictement comme indiqué dans Vos livres?

Réponse. Il existe une différence fonctionnelle entre les signes de la croix orthodoxe et catholique (pour la décharge de l'énergie, sa fixation dans l'aura de l'homme et la protection de l'homme). C'est-à-dire, il faut connaître ce que signifie chaque pointe de la croix, ce qui doit être indiqué dans les rites catholiques et orthodoxes.

Un nouveau signe de la croix à huit pointes doit être effectué seulement comme indiqué dans nos livres, car ce signe unit toutes les religions, en tenant compte de la structure énergétique de l'homme.

Baptisé deux fois

Lecteur. Je vous demande pardon pour une question très personnelle, mais elle est très importante pour moi. «... Il y a longtemps, sur la recommandation d'un guérisseur (qui affirmait qu'elle pouvait contacter l'ange gardien de l'homme), nous avons baptisé notre enfant (adolescent) la deuxième fois, en sachant qu'il avait déjà été baptisé une fois auparavant. On croyait alors qu'il ne fallait pas avoir deux personnes dans la famille avec le même nom et le même nom de famille. Nous avons donné à l'enfant le nom de son grand-père. Et puis on nous a dit également que le plus jeune des deux portant le même nom reçoit les traits négatifs (ou positifs) du plus âgé. Maintenant, cet enfant est un adulte. Il ne croit pas en Dieu (pour le moment), mais il a une croix. Je me demande si nous lui avons fait du mal? Lequel des deux noms qui lui sont donnés au baptême fonctionne le mieux, de sorte que, par exemple, si nécessaire, on a besoin de commander un service à ce nom, ou un mariage religieux aura lieu? Quel nom dois-je utiliser pour les rituels? Cela me tourmente depuis de nombreuses années».

Réponse. Le nom et le prénom ne sont pas si importants. Chaque homme a son propre Ange Gardien qui s'occupe de lui conformément à son programme, et aucun ancêtre ne le protégera s'il n'est pas associé à eux par certains rituels.

La croix, comme notre amulette, ne peut en aucun cas lui nuire. Pour tous les services religieux, le nom chrétien donné au baptême est important. Si baptisé 2 fois, alors le dernier nom fonctionne. Mais, si l'homme est un athée, alors il ne reçoit pas de protection supplémentaire d'en Haut et suit simplement son programme de vie, contrôlé par son Déterminant.

Signe des satanistes

1. Croix des satanistes.
Lecteur. Les individus négatifs bénéficient-ils des signes de la Croix, ou vaut-il mieux qu'ils se signent par une croix « diabolique »

de manière satanique?

Réponse. Les satanistes ont leur propre croix – celle inversée, et elle seul les aide.

2. Comment Lucifer a-t-il été transféré au Diable.

Lecteur. Comment Lucifer pourrait-il être transféré au Diable, si par sa construction énergétique il ne pouvait pas correspondre à ses mondes ? Après tout, cet ange déchu est décrit dans la tradition comme le plus brillant et le plus proche de Dieu. C'est-à-dire, en traduisant dans la langue de Vos livres, il doit provenir des niveaux supérieurs de la hiérarchie de Dieu. Ou le Diable et Dieu ont-ils des mondes spéciaux où le Diable et Dieu peuvent temporairement placer des âmes à une charge opposée à leurs hiérarchies? Une sorte de zone de quarantaine énergétique. Après tout, Dieu peut également enlever une Substance négative du Diable si elle possède les qualités dont Il a besoin. D'une manière ou d'une autre, après tout, il est nécessaire d'adapter une telle Substance à des mondes avec une caractéristique énergétique différente de celle des mondes du Diable.

Réponse. Le livre « Les dernières informations sur le développement de l'âme » explique que le Diable a également les Niveaux du développement inférieurs (sombres) et supérieurs (clairs). C'est-à-dire qu'à mesure qu'elles se perfectionnent, toutes les personnalités sombres de Sa Hiérarchie commencent également à s'éclaircir. Quant au monde terrestre, il est mélangé, par conséquent, les Substances Supérieures de Dieu et les Substances Supérieures du Diable peuvent y descendre de temps en temps. Les mondes mélanges créent des conditions d'existence normale pour les uns et pour les autres.

Orientation de l'existence négative

Lecteur. Le développement dans la direction négative du Diable - est-ce un développement depuis les énergies sombres à faible vibration (par exemple, des énergies de meurtre, de cupidité, d'intrigue, etc.) vers les énergies négatives à haute fréquence (par exemple, les énergies de programmation, calculs mathématiques et autres)?

Ou peut-il être qu'il y ait un développement des énergies sombres vers des énergies encore plus sombres? Le Diable peut-il développer d'un tueur maniaque un monstre assoiffé de sang encore plus vicieux?

Réponse. Le développement dans le sens négatif va des énergies basses et sombres aux énergies négatives élevées, c'est-à-dire en suivant la ligne négative ascendante. Mais par rapport au développement dans une direction positive - cette orientation sera l'inverse. C'est-à-dire, si ces deux orientations sont placées côte à côte, elles seront opposées l'une à l'autre: celle positive sera orientée vers le haut et celle négative vers le bas.

Quant aux énergies sombres, celles plus sombres n'existent qu'en dessous du plan terrestre et en Enfer. Il y en a aussi celles plus sombres dans l'un des Univers de Dieu, dans lequel il n'y a pas d'étoiles, et dans certains endroits de notre Univers, où il y a de la matière physique.

Tous les monstres maléfiques habitent ces plans avec une énergie très sombre. Le Diable n'a pas besoin d'une méchanceté et d'une cruauté absolues.

Si les mantras sont utiles

Lecteur. Il est intéressant de connaître la signification des mantras, leur effet sur le nettoyage lors de la récitation 108 fois sur un chapelet. Beaucoup de gens de l'Est le pratiquent avec succès, et le nombre 108 est sacré, il y a beaucoup d'informations à ce sujet. Par exemple, le Mantra du Pardon «Je demande pardon à toute Existence sur la Terre. Je demande pardon aux vivants et aux morts. Je demande pardon à tout l'Univers» provoque des larmes et un épanouissement intérieur chez beaucoup de gens. Pouvez-vous dire comment ces mantras affectent l'âme?

Réponse. Ce sont des pratiques orientales, et nous ne les avons pas étudiées. Pourtant, chaque nation a ses propres pratiques, qui ne sont conçues que pour le composite de leur énergie spécifique, et elles ne sont pas particulièrement utiles pour les gens des autres nations. De plus, cette énergétique sera considérée hors programme et pourra être supprimée après la mort. Par exemple, si vous avez besoin d'accumuler de l'énergie de type « A » selon votre nation, mais vous accumulez le type « B » d'une autre nation, alors ce n'est pas l'accomplissement de Votre véritable programme, car des énergies secondaires sont acquises. Par conséquent, il est préférable de trouver pour soi-même les pratiques conformes à votre nation et de les exercer.

Quand l'âme devient une Substance

Lecteur. Un jour, un être négatif est venu dans mon rêve, et mes amis positifs l'ont appelé une Substance négative de la secte de l'Antéchrist, mais comme pour la déformer. Et d'après vos livres, il semble qu'à partir du moment où l'on entre dans la Hiérarchie, on puisse appeler l'âme – une Substance. Il me semble que les négatifs surestiment délibérément leur importance.

A partir de quel niveau du développement l'âme peut-elle être appelée une Substance?

Réponse. L'âme peut être appelée une Substance dès le moment de sa spiritualisation. Le mot « Substance » ne l'exalte pas, mais la caractérise comme une substance énergétique destinée au développement dans la Hiérarchie de Dieu. Dans la Hiérarchie du Diable, les Substances se développent également et sont appelées Unités, mais cette Hiérarchie elle-même obéit à Dieu – son Absolu. En fait, si on fait une grosse comparaison, la Substance est analogue à une cellule du corps humain.

Connexion entre les Hiérarchies

Lecteur. Pouvez-vous clarifier un moment? Notre Dieu a un chef supérieur (Absolu positif d'un ordre supérieur). Notre Dieu lui obéit. Il (notre Dieu) a un subordonné - le Diable. Et le Chef de notre Dieu a aussi un subordonné - un Absolu négatif d'un niveau plus élevé que le Diable.

Question:

Le Diable, obéissant à notre Dieu, est-il énergétiquement connecté à l'Absolu supérieur négatif? Peut-il interagir d'une telle ou telle manière avec lui, tout en accomplissant les ordres de son Chef, c'est-à-dire, notre Dieu?

Réponse. La connexion de l'Absolu supérieur négatif avec l'Absolu inférieur dans notre Hiérarchie ne s'effectue qu'à travers Dieu (l'Absolu). Dans d'autres volumes globaux, la subordination peut être différente. Les objectifs principaux passent toujours par les sommets des Hiérarchies, puis ils sont déjà répartis au sein des pyramides conformément aux niveaux et charges de leurs exécutants.

Comment se déroule la transformation de la Substance au moment

de son changement de Système

Lecteur. Quand une Substance positive passe dans un Système négatif et, inversement, quand une Substance négative passe dans un Système positif, leur énergopotentiel se transforme-t-il (c'est-à-dire qu'un plus devient un moins et un moins un plus)?

Réponse. Avec la transition de la Substance positive dans un Système négatif, avec son développement ultérieur, une transformation complète de son âme aura lieu grâce au fait que les qualités positives resteront, mais les celles négatives commenceront à augmenter rapidement, qui prévaudront dans le la fin sur les compétences positives, c'est-à-dire, les compétences positives cesseront de se manifester. La Substance d'un tel homme se conformera pleinement aux exigences de l'existence dans les Mondes du Diable. Quant au passage du Système négatif vers un Système positif, le Diable ne le permet jamais. Les exceptions sont faites pour des cas uniques où c'est Dieu qui demande pour une Substance négative. Une telle Substance subira une transformation positive au cours du développement dans un Système positif.

Sur notre Première Prière

Lecteur. Expliquez pourquoi le Diable est mentionné dans la Première prière, à quoi ça sert? Après tout, on en a assez de ses propres problèmes quand on travaille sur soi-même, pourquoi ajouter encore ceux des autres ? Après tout, même une simple pensée ou mention de l'Hiérarque du Système positif ou négatif nous introduit à ce Système.

Réponse. La première prière est une aide aux gens dans leurs situations. Le peuple de Dieu et le peuple du Diable sont toujours engagés dans tous les événements de la vie, et donc l'homme doit savoir que Dieu est toujours plus fort que l'Hiérarque Négatif, et il est nécessaire de se rappeler pour quelle raison Il est plus fort. Ce pouvoir est donné à Dieu par la capacité de spiritualisation (les gens ne le savaient pas auparavant).

La mention du Diable dans la prière est un rappel à l'Hiérarque Négatif qu'Il restera toujours beaucoup plus faible que Dieu, afin qu'Il ne se fâche pas dans les situations et, en se souvenant de la punition, adoucisse ses actions.

Cette prière exprime une demande à Dieu d'adoucir les intrigues des ténèbres et de laisser triompher le bien. Toutes les provocations sont arrangées par les serviteurs du Diable selon Sa volonté, donc ces serviteurs peuvent également être apprivoisés par l'ordre du Diable, et Il ne sera obligé de donner cet ordre qu'après que Dieu Lui aura donné une indication pour l'affaiblissement de la situation ou sa normalisation complète. C'est-à-dire, il faut y voir toute la chaîne des dépendances de tous les participants: des gens, des situations, de l'Hiérarque Négatif et de Dieu.

Il ne faut pas répéter la prière comme un poème, mais comprendre toute la profondeur de son contenu philosophique, en attirant les Nouvelles Connaissances. Ce sont tout d'abord les actions de l'homme lui-même qui l'attribuent à tel ou tel système. Aujourd'hui, beaucoup de gens prient Dieu, mais agissent de manière à venir au Diable, car leurs actions ne correspondent pas à une moralité et à une éthique élevée. Par conséquent, il n'est pas nécessaire de mentionner Son nom rejoindre le Système négatif.

Par exemple, un homme envoie un colis au bureau de poste. Une longue file d'attente, mais cet homme, qui est arrivé le dernier, va en avant avec les paroles « J'ai juste une petite question ». Ou il fait la queue. Devant lui, une femme soulève un lourd colis et le pose avec difficulté sur la balance, tandis que l'homme la regarde calmement sans lui offrir aucune aide. Dans les deux cas, l'homme fait la mauvaise chose et accumule des énergies négatives dans la matrice. Il ne se souvenait ni de Dieu ni du Diable, mais a fait un pas vers l'Hiérarque Négatif. Il y a tellement de ces mauvaises actions dans la vie de l'homme que, même sans s'en douter, il entre automatiquement dans la Hiérarchie négative.

Pourquoi les souffrances donnent de l'énergie pure

Lecteur. Pourquoi les souffrances du corps physique et de l'âme donnent-elles un si grand courant d'énergie pure, quel est le mécanisme de ce processus?

Réponse. Les souffrances du corps physique donnent une gamme très étroite des énergies du plan matériel, qui, premièrement, sert de compensation pour les dépenses des Supérieurs sur la création du corps humain (la fécondation ne suffit pas pour que la mère porte son bebe à terme, mais tout au long des 9 mois, le Déterminant effectue un travail complexe pour contrôler tous les processus dans le corps de la mère, c'est-à-dire, le Déterminant dépense ses propres énergies et pour son travail il devrait recevoir des énergies propres similaires, mais d'un volume supérieur), deuxièmement, le Déterminant doit continuer à contrôler le travail de tous ses organes physiques de son élève et à les maintenir dans un bon état, car par un mauvais mode de vie, et sans l'apercevoir, l'homme ramène ses organes à un tel état qu'ils sont prêts à échouer. C'est seulement grâce au fait que pendant le sommeil de son élève, le Déterminant restaure les connexions rompues dans ses organes et ils continuent à fonctionner.

Par exemple, l'homme boit de l'eau gazeuse (sans parler des boissons alcoolisées et des produits génétiquement modifiés), qui ronge son estomac, ses intestins, désactive les reins, et après chaque boisson ou nourriture avec des additifs chimiques, le Déterminant doit restaurer ses organes et ses systèmes endommagés.

Ou un ouvrier, qui va dormir accablé et fatigué, mais se réveille le matin en se sentant bien. Tout cela s'explique non seulement par l'autorétablissement de l'organisme, mais surtout par le travail du Déterminant. Pour revitaliser un élève, il a besoin d'énergies pures sur le plan physique, car elles ont un énergopotentiel plus élevé, qui par la suite, avec un certain travail du Maître Céleste, est capable de réparer les dommages causés aux organes ou aux systèmes.

Quand beaucoup d'énergie est dépensée pour la revitalisation et le Déterminant souffre d'une grande pénurie, Il est obligé d'utiliser des sensations douloureuses dans le corps humain pour recevoir des énergies pures. Souvent, cela est introduit dans le programme même avant l'incarnation de l'âme sur la Terre, si l'âme avait un mauvais mode de vie dans le passé. Parfois, ces énergodettes sont reportées à la prochaine vie. L'obtention de l'énergie pure à travers la douleur est un mécanisme complexe qui a été décrit dans des volumes de livres.

La souffrance de l'âme est un travail des couches subtiles qui sont proches de l'âme. Elle consiste dans le fait que les énergies « sales » piégées dans ces couches commencent à se transformer par les mécanismes spéciaux de ces couches en énergies pures. C'est comme les courants à basse fréquence sont transformés par des convertisseurs spéciaux en courants à haute fréquence, ou comme la basse tension est convertie en haute tension par un transformateur. C'est-à-dire qu'entre le bas et le haut, il y a toujours des mécanismes spéciaux créés par les Créateurs, mais le moment de ce traitement (entre le bas et le haut) est introduit dans le système des sensations de l'homme afin qu'il puisse les percevoir comme de la douleur. La sensation de la douleur doit indiquer à l'homme l'apparition d'une sorte de danger dans le corps ou si quelque chose n'est pas bonne dans son mode de vie

Chapitre 10
INFLUENCE DES NOUVELLES CONNAISSANCES SUR L'HOMME

Accumulation de l'énergie Spirituelle

Lecteur. Quel est le mécanisme de la formation de l'énergie Spirituelle lors des prières au Créateur? C'est peut-être juste le principe d'un bâton et d'une carotte - si vous souffrez, alors c'est le mauvais chemin, et si vous priez, alors vous croyez en l'Esprit Supérieur, acceptez les conditions et les objectifs de l'existence de ce monde, honorez-Le pour la plus haute puissance de l'Esprit, aussi que pour la création de vous-même en tant que Substance, par conséquent, vous vous dirigez vers l'Absolu. Après tout, ce principe est le moteur de l'évolution de toute la Nature.

Réponse. En fait, l'homme ne peut accumuler de l'énergie spirituelle qu'à partir du 70ième Niveau de la Hiérarchie Terrestre. Maintenant, en répétant les prières, il accumule des énergies qui augmentent les fréquences de son âme, qui sont conventionnellement appelées spirituelles, car elles ne correspondent qu'à 30-40 niveaux du développement de l'homme contemporain. L'homme ne deviendra vraiment spirituel que vers la fin de la 7ième race.

Les prières sont structurées de telle manière que, lorsqu'elles sont répétées à haute voix (ou mentalement), elles sont capables d'augmenter la fréquence personnelle des énergies de l'homme. S'il est sur le Niveau 20, alors après avoir répété les prières, il peut augmenter son Niveau jusqu'à celui 30, et si l'homme a le Niveau 30, alors grâce aux prières, il l'augmente jusqu'à 40 au maximum. Toutes les anciennes prières ne peuvent assurer à l'homme ordinaire que la couleur jaune de l'aura (et c'est le 40ième niveau), et ne peuvent pas augmenter davantage, car elles sont conçues pour fonctionner avec les gens de la 5ième race. Et nos Nouvelles prières sont énergétiquement conçues par les Supérieurs pour une fréquence plus élevée, par conséquent, elles l'augmentent jusqu'au Niveau 70 au maximum. Mais les prières doivent être répétées en permanence, car l'énergie se dissipe rapidement si l'homme ne la soutient pas dans la pratique - en faisant de bonnes actions et par un mode de vie correspondant. La prière n'est pas une incitation pour « des carottes et des bâtons », mais un véritable mécanisme pour augmenter le niveau du développement de l'âme grâce à sa lecture constante.

Comment les Nouvelles informations affectent l'homme contemporain

Toutes les connaissances sont créées par les banques d'informations, et selon la manière de leur utilisation par l'homme, elles lui apportent du profit, du dommage ou n'apportent rien, mais deviennent progressivement obsolètes et se transforment en une base de données obsolète qui ne peut que lui rappeler les méthodes d'antan, et pas plus, puisque l'utilité de la plupart des informations tombe rapidement à zéro au fil du temps. Mais c'est déjà la faute de l'homme lui-même: ne profitant pas de nouveauté à temps, elle contribue ainsi au vieillissement rapide de cette information pour soi-même. C'est-à-dire, pour cet homme particulier, il y a une omission d'une partie de l'information du cercle de son emploi utile. Sinon, on peut dire que l'efficacité d'une partie des Nouvelles Connaissances se diminue.

Une telle attitude envers les informations est certainement inacceptable pour l'homme. Chacun devrait toujours s'efforcer d'apprendre quelque chose de nouveau, afin, en général, d'augmenter le degré de l'utilité de l'efficacité de toute Nouvelle Connaissance. La société devrait y jouer un grand rôle.

Tout ce qui est nouveau, porte nécessairement en soi de nouveaux types d'énergies du prochain Niveau du développement pour l'humanité, c'est pourquoi la société est simplement obligée de le maîtriser, au moins partiellement, à l'école et dans d'autres programmes cognitifs.

Rappelons que c'est la Nouvelle information qui est capable de donner une grande impulsion au développement de tout membre de la société, et en général, cela crée un progrès sans précédent de toute la civilisation, qui utilise toujours avec mesure tout ce qui est nouveau dans la vie de sa société.

Avec une étude minutieuse de toute Nouvelle information et sa compréhension correcte par l'homme, il est capable d'augmenter considérablement son Niveau du développement, ce qui provoque également une augmentation constante du Niveau général du développement de chaque société, pays, etc.

On ne va pas parler du nombre spécifique de Niveaux sur lesquels l'homme peut s'élever, ni de tout le reste lié à sa compréhension des Nouvelles Connaissances, car dans tout intervalle du temps, une augmentation du Niveau du développement reste toujours une affaire individuelle, qui dépend de nombreux facteurs.

But du développement

Lecteur. J'ai les questions suivantes. Je ne peux pas les remettre au plus tard, car tout change trop vite et j'ai peur de ne pas avoir de réponses. Et elles toutes (ces questions) sont importantes pour moi.

J'aimerais savoir maintenant quel est le but ultime du développement? Quelle est la raison de vivre? Et pourquoi, quand on marche le long du chemin, il faut toujours comprendre - où on arrivera et à quoi bon toutes ces souffrances? La plupart des gens pensent que la seule chose qui vaut la peine de vivre est leur propre bonheur.

J'aimerais aussi savoir à quel Niveau du développement appartient la couleur jaune de l'aura. Mon mari en a comme ça.

Réponse. La couleur jaune de l'aura est le Niveau moyen du développement humain.

En ce qui concerne la compréhension du bonheur, c'est également multidimensionnel et indéfini. Chez les humains, le concept du bonheur change même au cours d'une vie. Par exemple, le bonheur d'un enfant de trois ans est de manger des bonbons délicieux. L'écolier prend l'absence de leçons pour le bonheur. Pour un bachelier, le bonheur c'est l'admission dans un établissement d'enseignement supérieur, et quand il commence à travailler, il considérera l'augmentation de son salaire comme un bonheur, ou un enfant, et ainsi de suite jusqu'à la fin de sa vie, ces minutes, et peut-être ces moments de bonheur changeront constamment. Mais ensuite, à la fin de sa vie, il se rend compte soudainement qu'il n'a pas compris ce qui est le vrai bonheur et pourquoi il a vécu. Ça veut dire qu'il s'est approché enfin du concept de la raison de vivre. Il lui semblait qu'il se dirigeait vers elle, mais à la fin de son existence il s'est rendu compte qu'il ne l'avait pas atteint et il est en train de mourir, sans comprendre pourquoi il vivait, pourquoi il s'efforçait constamment d'accomplir quelque chose, et il regarde en arrière maintenant , en comprenant que tout ceci est une chimère, mais il n'a pas atteint quelque chose d'important. Et avec cela, il meurt, déçu.

Arrêtons-nous sur ce que cet homme a atteint, c'est-à-dire, concentrons-nous sur le sens de la vie et essayons de comprendre ce que c'est et quel est le but principal de la vie?

Comme nous le voyons du haut de nos Nouvelles Connaissances, qui racontent que la plupart des gens sont déjà passés par de nombreuses réincarnations, et le sens de la vie change dans chaque incarnation de l'homme: il veut devenir un bon charpentier, puis un riche marchand, puis il est attiré par de longs voyages pour voir le monde, puis il renonce soudainement à tout et devient moine, tout en décidant de consacrer sa vie à Dieu. Dans chaque vie, tout change, et dans la prochaine incarnation, il ne veut pas répéter son destin passé, il commence à être emporté par de nouveaux buts et par d'autres destinations. De tout cela, on comprend bien qu'il est difficile pour l'homme de déterminer le but principal de son existence.

Par conséquent, dans la recherche de celui-ci, prêtons attention à ce pour quoi il a été créé et à quoi bon les autres êtres rationnels vivent. Nous partirons de ces deux squelettes.

Sur cette base, on peut dire que si vous êtes sur la Terre, votre objectif est de passer toute la Hiérarchie Terrestre, puis atteindre le premier Niveau de la Hiérarchie Divine. Là, l'existence même sera très différente de celle humaine, de plus, vous prendrez une forme différente - celle de la Substance - et vous devrez y rester pendant des milliards d'années ou même plus, jusqu'à ce que vous atteigniez le sommet de la Hiérarchie de Dieu.

Une autre forme de vie et d'autres conditions d'existence y formeront des buts temporaires complètement différents, par exemple, passer toute la Hiérarchie de Dieu et faire un choix: devenir Dieu et suivre son propre chemin séparé ou entrer dans notre Dieu-Créateur et Le suivre ensuite (se développer sous Son contrôle) et marcher éternellement le long des étapes évolutives de l'Univers. Et cetera. Ce sera à nouveau une répétition du passage de la hiérarchie terrestre avec des objectifs temporaires et un effort constant pour les atteindre. Mais ici également, la même question se pose – à quoi bon toutes ces répétitions sans fin? Alors, il y est déjà possible de donner une réponse précise.

Chaque transition vers la hiérarchie suivante ouvre de nouvelles perspectives pour l'âme. Bien que chaque âme ait son propre but spécifique, pour lequel elle a été créée initialement. Le but de l'âme elle-même est le perfectionnement de soi, et c'est un processus infini qui a ses propres étapes du développement. Tandis que la couleur de qualité du but change périodiquement au fur et à mesure de la progression.

Si on parle spécifiquement des buts du développement, ils changent de Niveau en Niveau et apportent beaucoup de choses nouvelles et intéressantes à l'homme. (En raison du fait que vous êtes maintenant déprimé, vous ne voyez pas votre but et ne voulez rien à cause de votre fatigue due aux problèmes et au désespoir temporaire de l'existence dans la société moderne. Mais lorsque l'humeur négative sera soulagée, vous commencerez à explorer le monde en rose, et les buts commenceront à susciter votre intérêt et à contribuer au mode vivifiant.)

Le but principal est de développer les plus hautes qualités de l'âme, ce qui implique l'accomplissement d'actes nobles et élevés, le contrôle du comportement et la lutte contre toutes sortes de tentations. Et lorsque vous développez en soi les qualités positives stables, le but sera alors d'aider vos proches à acquérir les mêmes qualités élevées. Dans la connexion et l'amour mutuel, les gens accélèrent la réalisation de leurs buts et s'aident les uns aux autres à passer à un Niveau supérieur.

Le But principal et constant de l'existence est un perfectionnement éternel, la compréhension des Nouvelles Connaissances et l'acquisition de nouvelles qualités supérieures.

Et lorsque vous y parviendrez, de nouveaux buts plus élevés, encore plus beaux et intéressants, vous seront ouverts. Et bien que cela semble sec et peu intéressant, lorsque vous commencerez vous-même à ressentir vos nouvelles qualités, vous serez saisi par un grand sentiment de joie de savoir maîtriser vos capacités, être capable d'accomplir de vrais miracles et d'étonner les autres.

Rien n'est plus réjouissant à l'âme que l'acquisition de nouvelles capacités. Et le bonheur est que l'acquisition de ces propriétés étonnantes ne se termine jamais, et cela seulement donne à l'âme un grand sens dans la vie, car après ce qui a été réalisé, une propriété encore plus intéressante et fascinante vous attendra. Vous commencerez à découvrir constamment les buts de plus en plus élevés, encore plus beaux, excitants et omnipotents.

Mais pendant qu'un individu est au stade initial du développement et vit sur la Terre, la liberté de choix lui offre la possibilité de faire ce qu'il veut. Et il succombe à cette attrape et, sans penser à la qualité de ses actions, il exploite le travail d'autrui, s'approprie les inventions, les idées des autres, etc. Pendant qu'il agit de mauvaise foi, son âme est remplie de découragement et de déception, en réalisant que ses principaux trésors, avec lesquels un individu pourrait remplir sa matrice, lui restent inaccessibles. De cela vient le désespoir, la déception et le découragement.

L'âme voit que par ses mauvaises actions, l'homme s'éloigne du but principal du développement. Pour ne pas être déçu de son propre perfectionnement, il faut accomplir consciencieusement tous les devoirs que la vie vous propose, il faut participer à la vie elle-même au mieux de vos capacités et de vos opportunités et aider activement les autres à faire ce qu'il faut faire, à penser bien et accumuler autant de qualités positives que possible.

Lire selon la liste

Lecteur. Il y a tant de vos livres qu'on commence à demander combien d'espace dans le placard leur sera nécessaire. Les auteurs, me conseillez-vous de lire tous vos livres, ou y en a-t-il ceux qui dupliquent des informations?

Réponse. Si les livres sont empilés verticalement les uns sur les autres, alors il ne faudra pas beaucoup d'espace et ils peuvent tous être placés sur le même rayon.

Nos livres doivent être lus selon la liste recommandée pour chaque série que vous pouvez trouver sur le site Web. Les répétitions aident à consolider les informations et à valider la justesse des concepts que vous avez formés. Beaucoup de gens, en les relisant, y trouvent des nouveautés pour eux-mêmes dans le sens conceptuel. Le fait que vous reconnaissez des informations indique que la base des Nouvelles Connaissances a déjà été posée dans la cellule de votre matrice.

Élocution

Lecteur. Larisa Aleksandrovna, Votre style personnel de présentation des informations est plus rigide et direct que celui de

Ludmila Leonovna. A quoi cela est-il lié?

Réponse. Plus le Niveau de l'âme est élevé, plus ses informations sont concentrées, ce que l'homme terrestre perçoit comme de la rigidité. Ludmila Leonovna essaie de rapprocher autant que possible ces informations de vos concepts. Dans le livre, « Mystères de la Réalité », vous pouvez obtenir une réponse plus détaillée.

Pourtant, lorsqu'on a publié nos premiers livres, Ludmila Leonovna a également appris qu'elle écrivait d'une manière difficile et incompréhensible, que son style était comme un langage technique. Tout dépend de la perception individuelle. Et la dernière est souvent influencée par l'époque et la compétence informationnelle générale de la société. C'est comme chez les singes – si l'un d'eux apprend à faire quelque chose, au bout d'un moment, le reste du groupe sait déjà comment le faire. L'égrégore de la société y aide. Il élève le Niveau commun de ses membres.

Fièvre de la lecture

Lecteur. Larisa Aleksandrovna. Je voudrais vous poser une question. Quand je lis vos livres, et surtout quand j'y comprends beaucoup de choses, ma température monte toujours à 37 C, parfois un peu plus! Est-ce normal?

Réponse. Oui, c'est tout à fait normal pour nos lecteurs. L'énergie est très grande, et vous ne pouvez pas traiter une telle puissance à la fois. Après la lecture, je vous conseille de faire quelque chose physique et en général d'activer votre physiologie de différentes manières, afin que l'énergie soit répartie dans tout le corps correctement et sans douleur.

Lecteur. Mais si au lieu de faire des exercices, j'ai sommeil, est-ce normal? C'est tellement fort qu'il est impossible de résister!

Réponse. Cela signifie que votre corps lui-même a choisi cette méthode de distribution de l'énergie. C'est bien si cela devient plus facile pour vous, mais l'effet de l'assimilation de la nouvelle énergie serait plus productif si vous suiviez néanmoins mes conseils. Dans un rêve, la majeure partie de la nouvelle énergie n'est pas traitée, mais s'évapore.

Avec l'augmentation du Niveau, plus de choses s'ouvrent

Lecteur. Vos livres contiennent des informations compressées énergétiquement. Sont-elles destinées aux âmes à développement différent? Par exemple l'âme d'un certain niveau du développement, par exemple, le 20ième, reçoit des informations selon son niveau 20ième, et l'âme du niveau 30ième en reçoit des informations selon le niveau 30ième du développement? Est-ce que je comprends bien? Selon le développement de l'âme, est-il possible d'obtenir des livres les informations qui correspondent à votre niveau du développement de la pensée, pour une progression (développement, transition) vers un autre niveau supérieur?

Réponse. Bien sûr que chacun perçoit les informations en fonction de son Niveau du développement. Par conséquent, le Trentième Niveau ouvrira beaucoup plus que celui Vingtième, en lisant le même livre. Mais nous divisons nos informations en 3 Niveaux de difficulté: faible, moyen et élevé. Par conséquent, le Niveau élevé n'est pas encore perçu par les gens. Ce sont les livres suivants: « Philosophie de l'Éternité », « Philosophie de l'Absolu », « Nouveau modèle de l'Univers », « Développement de la pensée », « Philosophie paradoxale », « Lois de l'Univers ». Et le reste peut être compris par tout le monde, en fonction des efforts personnels.

Il est difficile d'accepter le nouveau

Lecteur. Pourquoi dans mon environnement, seuls quelques-uns comprennent les informations, j'essaie d'expliquer, mais presque personne ne m'écoute? Pour la première fois, il arrive qu'en lisant les livres, on ne comprenne pas l'essence, mais on commence à comprendre dès la deuxième, troisième fois. Est-ce peut-être la différence en développement, niveau!?

Réponse. Afin d'accepter le nouveau, il faut faire un effort pour comprendre les connaissances afin d'introduire dans la matrice les concepts d'énergies de Niveau supérieur. La haute énergie rebondit des Niveaux spirituels bas, car ils ne sont pas capables de l'accepter, ce qui se manifeste par le rejet des Nouvelles informations à haut potentiel. Par conséquent, les gens inférieurs, même s'ils se disposent à percevoir des Nouvelles Connaissances de votre part, alors: soit ils ne comprendront rien; soit ils ne vous entendront pas, tout en passant mentalement à leurs propres thèmes plus proches de leur âme, soit ils s'endormiront.

Comment vont-ils comprendre nos informations

Lecteur. Dieu a dit pendant vos contacts: « Les informations qui vous seront données subiront un décodage multiforme: ce seront les mathématiques les plus complexes, la physique, l'électronique, et bien d'autres sciences. Je combinerai beaucoup en vous ».

Qu'est-ce que Dieu voulait dire exactement? Vos livres donneront-ils une impulsion à de nouvelles branches de la science? Ou avez-vous vraiment les Nouvelles Connaissances en mathématiques, physique, électronique? Vous ne les montrez tout simplement pas aux scientifiques pour le moment?

Réponse. Toutes nos informations sont cryptées, un puissant faisceau d'énergies pour les futures générations d'intellectuels. En temps voulu, nos informations seront développées par couches et Niveaux, et chaque mathématicien, physicien, etc. y trouvera toutes Nouvelles Connaissances sur l'Univers et le Cosmos pour le développement de son domaine scientifique. Pourtant, le décodage sera fait par des gens dotés de capacités supranormales, qui ont une structure subtile spéciale, qui seront capables de développer la spirale de ces énergies en volumes scientifiques entiers. Il leur suffira d'examiner l'énergie d'une phrase et une image complète des processus profonds de l'Univers s'ouvrira à leur esprit. C'est-à-dire qu'à travers les phrases, les véritables processus qui se déroulent dans l'Univers seront visibles.

Je ne peux pas lire Vos livres

Lecteur. La première question qui m'inquiète maintenant est pourquoi je ne peux pas continuer à lire vos livres depuis plusieurs mois? Il y a plus d'un an, j'ai trouvé des informations à leur sujet, je les ai ouverts et je n'ai pas pu m'arrêter jusqu'au dixième livre de la liste sur www.gold-race.ru. En même temps, à mesure que je devenais un peu plus fort, j'ai lu le 1er volume de « Les Lois de l'Univers » et j'ai devenu fatigué, comme je le pensais à ce moment-là. Maintenant, quand plus de cinq mois se sont déjà écoulés et je ne peux plus me remettre à lire et étudier à nouveau Ces livres, j'ai commencé à me poser cette question.

Réponse. Vous n'êtes pas seuls à avoir de tels problèmes. L'une des raisons est que vous êtes tout simplement gêné par les ténèbres, qui vous donnent certaines situations à résoudre. Elles aiment beaucoup submerger l'homme dans des problèmes quotidiens, pour qu'il ne touche pas nos connaissances. La deuxième raison est que dès la première fois vous avez reçu une énorme dose d'énergie avec les informations que vous avez lues, et votre âme ne l'a pas encore « digérée ». Après tout, tout doit être assimilé progressivement. Cela dépend aussi de votre compréhension de ces informations. Vous pouvez lire beaucoup, mais apprendre le minimum, même s'il semble que tout soit compris. Il vaut donc mieux lire en petites quantités, pour que tout soit sérié. Ce sera plus facile pour votre âme.

Influence de vos livres sur l'homme

Lecteur. Récemment, j'ai commencé à lire votre livre incroyable « Les Mystères de la Réalité ». Et il m'a surpris dès le début. Aujourd'hui dans le matin, j'ai continué à lire et, ayant atteint les pages 44-45, où il y a une exposition sur le Projet de Dieu et la « descente dans le monde terrestre des âmes des Messagers », alors tout à coup dans le fond de ces pages, j'ai vu deux étoiles brillantes et dorées scintillantes, elles se sont approchées et se sont fondues en une étoile, un peu comme une comète (car elle était suivie d'une « queue » dorée), qui s'est emportée droit devant mon regard, en entraînant ma conscience avec elle. Et puis tout s'est obscurci, et j'ai réalisé que nous allions à toute vitesse dans l'espace interstellaire, parce que des milliards d'étoiles brillaient autour. J'ai senti que cette vision a duré 10-12 secondes. Au début, j'ai pensé: c'est le jeu de mon imagination. Mais plus tard, la réalisation est soudainement venue que ce sont vos Grandes Âmes qui ont éclaté comme des étoiles et m'ont entraînée dans l'immensité du Cosmos pour des Nouvelles Connaissances. Et c'est tellement symbolique! Mon âme s'est éclatée de joie! Pourtant, d'où vient cette vision? Les informations du livre peuvent-elles sortir sous la forme de telles images ou s'agit-il d'un message du Déterminant? Je voudrais trouver une interprétation correcte de ces visions merveilleuses.

Et plus tôt, en lisant un autre livre à la veilleuse, j'ai vu à nouveau une bande bleu-violette brillante entre les pages le long du dos du livre et des étincelles de la même couleur au-dessus des pages. J'ai observé ce phénomène 2 fois. Qu'est-ce que ça pourrait être? La couleur des informations? De plus, elle s'est concentrée précisément sur le dos du livre, où toutes les pages sont rassemblées.

Réponse. Nos livres montrent de différentes capacités chez les gens. Votre âme est disposée à la vision figurative du matériel lu, en mettant en évidence l'essence principale de ce qui s'y passe. Les informations des textes des livres sont codées et ont une structure multidimensionnelle visible au troisième œil. Le puissant potentiel des informations contenues dans le livre à ce moment-là a débloqué votre vision astrale et vous avez reçu une vision figurative tout en comprenant le texte.

Les livres sont rejetés

Lecteur. Mes parents n'acceptent pas votre Enseignement. On me croit une fanatique folle (je considère toutes les situations, les événements du point de vue de vos informations), qui fait de la propagande. Je persuadais, prouvais, « intimidais » à la lumière que c'est pire pour eux, qu'ils n'acceptent pas, je leur donner à lire vos livres - rien ne marche (bien qu'ils soient les gens instruits).

Dans vos livres (autobiographiques), vous écrivez que vous avez été humilié, insulté, moqué, mais que vous avez enduré en silence. D'accord avec les étrangers, mais que faire avec les parents? Peut-être les laisser et étudier pour soi-même? Mes amis ont des situations pareilles à la maison et au travail. Pardonnez-moi si la question à Aleksandre Ivanovitch vous semblera indélicate. Aleksandre Ivanovich, comment est-ce que vous gérez de telles situations? A votre côté il y a de TELLES DAMES, et autour de vous on ne dit que des choses désagréables. Peut-on se faire une directive pour ne pas réagir du tout? Tout cela est très douloureux pour moi, je provoque des conflits. Peut-être il faut que je répète quelques prières?

Réponse. Il ne faut jamais imposer aux parents ou aux amis les connaissances pour lesquelles ils ne sont pas encore mûris ou qui sont des dogmes enracinés. Vous avez accompli votre tâche - vous avez proposé de se familiariser avec le Nouvel Enseignement. Et ils ont fait leur choix. Laissez-les vivre leur vie présente avec un tel choix.

Afin de ne pas blesser votre âme lorsque votre opinion est rejetée, entraînez-vous à ne pas réagir au rejet. C'est-à-dire, il est nécessaire de développer la qualité de la diplomatie: les diplomates ne montrent jamais leurs sentiments lorsque quelqu'un s'oppose à eux ou à leur pays. Dieu a donné à chacun le droit de se développer individuellement, il faut les laisser exercer ce droit comme ils le souhaitent.

Lois dans notre société

Lecteur. Les livres disent que l'homme doit se développer selon les lois de la société dans laquelle il vit. Autrement dit, si c'est une tribu de sauvages, alors le cannibalisme est un phénomène normal pour eux. Maintenant, dans notre monde multinational et avec un grand nombre de migrations et déplacements de gens, un mélange de nations et de traditions, quelles lois de la société faut-il considérer comme vraies et s'efforcer de respecter? De plus, les gouvernements supranationaux introduisent de telles lois dans la société (qui les accepte, malheureusement), qui étaient auparavant considérées comme des péchés mortels...

Il s'avère qu'il s'agissait d'une société NORMALE, et pas celle vers laquelle on glisse... – j'aimerais aussi le comprendre...

Réponse. Les Supérieurs délivrent toujours des informations pour ce niveau du développement auquel l'homme doit aspirer dans son développement et qu'il n'a pas encore atteint. Dans toute société, il y avait toujours des lois basses et des lois élevées également, et le but de l'homme est de voir la différence entre elles et de passer des lois inférieures vers celles supérieures. Il ne faut jamais y aller à l'aveuglette, il faut toujours comparer. Seule la comparaison aidera à comprendre dans quelle direction et vers quelles lois votre âme doit se diriger. Le fait est que si vous comprenez que cette loi est basse, alors vous l'avez déjà dépassée et vous devez vous efforcer de vous élever constamment encore plus haut.

Le Négatif et les Lois de l'Univers

Lecteur. L'homme qui se développe dans une direction négative (dans une Hiérarchie négative ou dans le Système de l'Aide) peut-il étudier les Lois de l'Univers et les Connaissances Supérieures que vous avez transmises? Comment va-t-il réagir à eux et comment vont-elles l'affecter? Un tel homme peut-il porter « l'Étoile de l'Union » s'il étudie les Connaissances Supérieures données par vous, ou l'Amulette, chargée par le Système positif, qui n'accepte jamais un individu négatif, même s'il se dirige vers le Système de l'Aide?

Réponse. Les lois de l'Univers expriment l'évolution du développement, qui a des branches positives et négatives. Les Lois sont conçues pour leur interaction et une certaine répartition des forces positives et négatives. Ce n'est que dans ce cas que le développement normal de l'un et de l'autre est atteint. Si les individus positifs et négatifs n'observent pas les Lois générales de l'existence, cela les conduira à l'autodestruction. Par conséquent, il est important que les Lois de l'Univers soient étudiées par des personnalités positives aussi bien que celles négatives.

La plupart des Lois portent en elles, comme une âme, la trinité des énergies. Chaque homme ressent dans les Lois et nos autres informations une énergie qui lui correspond (positive ou négative). Pourtant, dans les Lois, puisqu'elles sont données par Dieu, il y a plus d'énergies positives qui ont un pouvoir supérieur, qui sait effrayer les entités négatives à faible énergopotentiel.

En ce qui concerne les amulettes « l'Étoile de l'Union », chaque amulette est initialement chargée de trois types d'énergies (positive, négative et neutre), et après être achetée par l'homme, elle commence à fonctionner individuellement, tout en se chargeant de l'énergie de son propriétaire. Et puis elle travaille avec ses énergies, en préservant les fonctions précédentes - protection contre les ruptures et basses essences, avec une aide au traitement des couches physiques, énergétiques, etc. il est interdit de porter les amulettes des autres, car elles agiront de manière destructive. (Si, par exemple, un individu positif porte une amulette d'une personnalité négative, et vice versa.)

Accumulation des qualités supérieures

Lecteur. Vos livres contiennent une description des différents Niveaux et de ce qu'ils ont besoin d'accumuler pour le développement des matrices. J'aimerais connaître les qualités des âmes pendant la période actuelle sur la Terre de 70 à 100, ce que cette catégorie doit améliorer en premier lieu, accumuler et traiter en soi? Cette gradation de niveau, si je comprends bien, inclut les enfants et les gens indigo.

Je serais heureux si vous puissiez identifier point par point les qualités et les critères les plus importants dans le développement de ces Niveaux.

Réponse. Les gens du Niveau 70-80ième n'apparaîtront sur la

Terre qu'à la fin de la Sixième race, et ceux du Niveau 90-100ième - dans la Septième race. Ils auront tous des super-pouvoirs. Les gens doivent les posséder depuis longtemps déjà, et leur absence pour le moment indique le retard du développement. Bien sûr, vous pouvez dire qu'ils sont déjà apparus, ces gens aux capacités supranormales. Ils sont apparus sur les écrans de télévision et au cinéma, ils n'appartiennent pas à la Cinquième race, mais à celle Sixième, et leurs capacités, pour autant qu'on puisse le dire, sont artificiellement créées par les créateurs des formes afin de montrer les capacités de l'homme et de captiver les autres par le développement des qualités similaires. Pour l'instant, elles ne sont données qu'à quelques personnes par anticipation.

Aujourd'hui (en 2020) l'humanité moderne n'est qu'au 40ième Niveau selon la Hiérarchie Terrestre, et il est nécessaire de partir de ce maximum. Pour les Enseignants Supérieurs, l'essentiel est le développement par l'homme de qualités telles que la haute moralité, l'honnêteté, l'autocritique, la conscience de soi (compréhension correcte de ses propres actions et de celles des autres), la miséricorde et une qualité très rare à ce stade - celle de noblesse. Il est également très important de développer les capacités créatives, car les qualités de gentillesse et d'amour envers tout ce qui nous entoure reposent sur elles. Le développement des qualités professionnelles, la capacité de s'unir aux autres, les qualités d'amour, de sympathie et de compassion, de discipline, la capacité de lire les lois de la société et de les observer restent également importantes.

On voit que la discipline est également une qualité importante pour l'homme moderne. Toutes ces qualités doivent être présentes chez les représentants de la cinquième race qui la terminent. Par exemple, sans obéissance et discipline, les gens possédant des super-pouvoirs peuvent faire de telles abominations qui détruiront la Terre entière.

Barrières par les forces obscures

Lecteur. J'ai besoin de votre conseil sur une question. Le fait est que dès que je commence à répandre un peu vos connaissances supérieures (même avec des résultats pratiquement nuls), je commence immédiatement à expérimenter une puissante opposition de certaines forces (négatives).

Les situations de vie se compliquent, des problèmes surgissent au travail, dans la famille, avec des proches, avec la santé... Même si ces événements ne sont pas directement dirigés contre moi, leur champ négatif se forme autour de moi.

Je sais d'après vos livres qu'à un moment votre famille a également été confrontée à l'opposition des forces négatives. Il est clair que cela épuise le système nerveux, et mon énergopotentiel intérieur de l'âme, à vrai dire, est plutôt faible. Que peut-on faire dans cette situation? Avez-vous déjà surmonté un tel impact négatif ou rencontrez-vous toujours des problèmes similaires? Merci de votre attention et je reste dans l'attente de votre réponse.

Réponse. Ce n'est pas étonnant que vous avez commencé à avoir des problèmes quand vous diffusiez nos connaissances. Je vous dirai tout de suite qu'un tel impact est ressenti par absolument toutes les personnes qui, d'une manière ou d'une autre, sont en contact avec les énergies supérieures. Les ténèbres le voient parfaitement et commencent, comme vous l'avez déjà remarqué, à empêcher ce contact par tous les moyens possibles. Et cela ne dépend que de l'homme lui-même s'il abandonne tout ou continue la lutte, quoique dur que ça soit. Mais c'est à travers les souffrances en opposition, que la croissance de votre propre énergopotentiel se produit. Si vous ne vous battez pas, tout s'arrêtera et s'immobilisera. Après tout, c'est une sorte de pratique du perfectionnement. Suivre un chemin différent signifie se plonger dans des situations de vie difficiles complètement différentes. Certaines conditions d'existence seront changées pour d'autres équivalentes, mais ce ne sera pas plus facile. Alors, préparez-vous et combattez. Dès que l'homme choisit le bon chemin, les forces obscures commencent à interférer, c'est ordinaire. Répétez nos Nouvelles prières, elles vous aideront à devenir plus fort énergétiquement et à refléter (supporter) plus facilement les coups des forces obscures.

Destin de l'âme de la planète

Lecteur. Je pense que pour vous, Larisa Aleksandrovna, le sujet de l'espace est très proche et compréhensible, et lors de la rédaction de votre nouveau livre, vous pourriez vous rappeler votre vie planétaire passée.

Avez-vous appris pendant les contacts quelle planète vous étiez? Quelle galaxie? Y avait-il de la vie sur la planète? Et allez-vous continuer à vous développer davantage dans le système planétaire?

Peut-être serez-vous promue? Vous êtes comme Gulliver au pays des Lilliputiens.

Réponse. L'homme est habitué à percevoir le système de coordonnées dans lequel il vit et, par conséquent, il est également habitué à penser dans les catégories proches de sa vie, de son existence. Mais si on élargit un peu le raccourci de ses vues sur la vie, même légèrement, et si on essaie de voir l'état général des choses d'une manière un peu plus globale, alors il verra l'image de la vie non seulement des planètes et des étoiles, mais du macrocosme situé dans l'espace, aussi bien que certaines facettes du microcosme, car tout est interconnecté, volatil et se suit. En tenant compte de ce fait et en comprenant qu'à part de notre système solaire, il existe d'innombrables formations similaires dans l'Univers et il existe également des mondes physiques et énergétiques parallèles, alors la question ci-dessus peut avoir une réponse suivante.

Je n'étais pas une planète du système Solaire. Il n'est pas possible de prononcer le nom dans cette langue, car le système de communication et les noms là-bas ne coïncident pas avec ceux de l'homme. La vie, bien sûr, existait sur moi, et je la gouvernais. Chaque planète a toujours une forme d'existence, les planètes sans vie n'existent pas, car le processus cosmique général d'échange énergétique implique initialement une transformation globale des énergies de petites formes et états simples à des états globaux et complexes, et vice versa.

Quant à mon futur travail, après mon départ je serai réservée à la planète Terre et j'exercerai un contrôle sur l'humanité, je gérerai et aiderai les gens dans leur développement dans une certaine mesure. À leur tour, les gens communiqueront directement avec moi, car absolument tout le monde deviendra contacté et aura d'autres capacités inhabituelles, sans lesquelles le développement de l'âme dans la 6ième race ne fonctionnera pas.

Pour les gens qui passeront dans la 6ième race, nous révélerons nos noms cosmiques, mais ce sera déjà dans l'incarnation, qui aura lieu après le Jugement Dernier. Chaque homme sera directement lié à nous par un canal de communication, et nous les aiderons à monter Niveau par Niveau.

Combien d'informations y aura-t-il encore?

Lecteur. Êtes-vous toujours en contact avec les systèmes? Ou est-ce déjà rare? Voilà ma question: combien d'informations sera-t-il encore ouverte, préparée pour être transmise aux gens? Ou pour nous, à présent, rien de plus n'est nécessaire?

Réponse. Nous restons en contact. Assez d'informations ont été déjà données, mais les Supérieurs exigent maintenant l'expansion et l'approfondissement de chaque sujet donné par Eux.

Par exemple, il est dit qu'il existe une matrice de la Parole. Maintenant, on peut développer ce sujet en écrivant comment cela fonctionne. Nous le présenterons dans notre livre suivant. Le livre « Mystères de la Réalité » développe et approfondit du sujet de « La présence de deux planètes doubleurs de la Terre ». Les informations de base sont déjà présentées, mais il y toujours de nombreux points intéressants dans le développement des sujets des « Lois de l'Univers » et des autres informations primaires. Il est important d'apprendre à bien comprendre ce qui est donné.

Vocabulaire

Affilage rigide du caractère – accumulation des traits de caractère strictement selon le programme. Cela ne se produit qu'à certaines périodes de la vie, lorsque la base de la qualité a été déjà posée et il est nécessaire d'achever sa construction. D'habitude, dans le Système positif, l'homme est donné un Choix, selon lequel il peut construire une qualité ou une autre en soi-même.

Ames négatives – individus du plan terrestre et les âmes de la Hiérarchie du Diable qui ont choisi la voie du perfectionnement négatif. Ils suivent les programmes robotiques rigides, n'ont pas la liberté de choix. Aux Niveaux inférieurs, ils se perfectionnent par les meurtres, la débauche et les autres actions négatives; aux Niveaux intermédiaires, ils se développent à travers la programmation, opérations de calcul, etc.

Bas – individu appartenant aux Niveaux bas du développement de la Hiérarchie terrestre; c'est une jeune âme qui vient de s'engager sur le chemin de l'évolution sous la forme d'un homme. (Individus bas occupent jusqu'au Niveau 30ième de la hiérarchie de l'Homme, ceux moyens - du Niveau 30 à 70, élevés - du Niveau 70 à 100.) Les individus bas n'existent que dans le monde terrestre et les mondes inférieurs. Ils ne sont pas présents dans la Hiérarchie de Dieu.

Décodage m – destruction de l'âme sur le plan subtil, annulation chez l'individu de sa perception de "soi" en tant que personnalité; désassemblage des structures énergétiques subtiles de l'âme avec le nettoyage complet des cellules de la matrice des énergies accumulées par l'individu dans toutes les vies précédentes.

Déterminant m – (vieux - **Maître Céleste**). Personnalité Supérieure, demeurant au premier Niveau de la Hiérarchie, conduisant l'homme dans sa vie à travers la structure spéciale du plan subtil, appelée un ordinateur céleste. Il contrôle l'accomplissement du programme par l'homme, lui fournit de l'énergie, donne des idées. Il participe au moment de la naissance et de la mort de l'homme.

De là-haut – tout ce qui descend dans notre monde physique des mondes Supérieurs.

Distributeur m – énorme structure technique du plan subtil de la Terre, conçue pour le travail avec les âmes des gens après leur mort. Il les répartit sur les Niveaux du développement selon leur énergopotentiel. Les âmes négatives passent ce Distributeur et volent directement vers le Diable, qui a ses propres entrepôts pour les âmes négatives.

Energie f – 1) potentiel sommaire d'un volume limité ou d'une gamme spécifique de fréquences;

2) toute sorte de matière du plan physique, ainsi que de celui « subtil », situé au-delà de la perception humaine;

3) c'est une image commune de diverses formes du mouvement de la matière (définition classique).

Énergocorps m – couche subtile de l'homme, située autour de la matrice de l'âme. L'homme possède de 6 couches subtiles (éthérique, astrale, mentale, etc.), dont chacune travaille avec sa propre gamme d'énergies et a une structure individuelle. Toutes les couches fonctionnent dans les deux sens: certaines énergies sont dirigées vers le corps physique, et les autres - vers la matrice de l'âme.

Énergodette f – manque de l'accumulation par l'homme au cours de sa vie de l'énergie qu'il doit produire selon le programme de sa vie. Les énergodettes dans la vie réelle peuvent conduire à une vie très courte dans la prochaine incarnation (d'où viennent les décès précoces), le traitement peut également se produire par la maladie ou un corps défectueux, un corps d'une personne handicapée. Les énergodettes sont prises très au sérieux par le Cosmos. Chaque individu doit combler les coûts de son développement.

Énergopotentiel m – caractéristique de la puissance énergétique de l'âme ou de quelque chose, se compose de l'accumulation totale des énergies de tout le volume de l'âme. Plus l'âme accumule d'énergies, plus son énergopotentiel et sa puissance sont élevés. l'énergopotentiel est l'une des caractéristiques les plus importantes du développement de l'âme. Plus il est grand, plus le Niveau du développement est élevé et plus elle est élevée dans le Système de hiérarchie.

Essence f – être du monde bas, invisible à l'homme. Il est capable de voler de l'énergie à l'homme, ce qui peut le rendre fourbu et fatigué. Parfois, elle peut nuire à l'homme. Le plus souvent, elles mènent une vie parasitaire.

Hierarchie f – 1) un système du développement séquentiel par niveaux de toutes les formes de vie; 2) un système régulier de la construction dans l'Univers; 3) La Hiérarchie Divine est une structure spatiale à carcasse du plan subtil, dans laquelle les mondes énergétiques de Dieu sont situés dans un certain ordre, habités par des individus d'un certain Niveau du développement, appelés les *Substances*.

Hiérarque négatif – personnalité très développée qui se développe par les opérations informatiques, le démantèlement des structures, les meurtres et les autres processus négatifs. Sinon, il est appelé le Diable par les gens. Il se soumet à Dieu, mais a sa propre Hiérarchie, ce qui crée une direction négative pour le développement des âmes.

Hologrammes pl – 1) une construction spéciale sur le plan subtil d'une image tridimensionnelle d'un objet à partir de l'énergie d'une certaine gamme. Il y a des hologrammes des Niveaux correspondants dans tous les mondes;

2) une image tridimensionnelle d'un objet fait de matière d'une qualité différente de celle de l'objet lui-même ou du monde environnant. Les hologrammes peuvent être matériels et énergétiques.

Incarnation f – naissance de l'âme dans un corps physique sur la Terre. Elle s'effectue selon le programme établi par les Supérieurs.

Karma m – salaire à l'homme pour ses actions positives ou négatives au passé (rémunération ou punition).

Matrice f de l'âme – structure cellulaire du plan subtil avec un système régulier de la construction, grâce à laquelle l'énergie de certaine qualité est délivrée à la cellule correspondante de stockage, ou une hiérarchie de la qualité correspondante est construite à sa base. La matrice a la propriété d'augmenter son volume de façon spontanée, de construire des cellules supplémentaires avec le remplissage du volume. La matrice est une structure spiritualisée grandissant de façon indépendante. Elle se remplit de l'énergie dans une séquence régulière établie par Dieu.

Niveau m – 1) degré du développement de quelqu'un ou de quelque chose. Le Niveau du développement de l'homme correspond aux Niveaux de la Hiérarchie humaine sur la Terre, qui comprend cent Niveaux;

2) répartition des Substances dans toute Hiérarchie en fonction de leur développement, de la qualité des énergies accumulées, c'est-à-dire, d'énergo*potentiel* et du pouvoir de l'âme;

3) monde commun, plan de l'être, qui unit les Substances selon leur énergopotentiel et représente une étape du perfectionnement. Le Niveau est subdivisé en plusieurs mondes particuliers, dans lesquels se trouvent des communautés des Substances, réunies en Systèmes, qui sont regroupés selon les étapes du développement des Substances et des buts. Chaque Niveau a ses propres limites, inférieures et supérieures.

Potentiel m – coefficient de puissance de la progression qui caractérise une plate-forme de force de l'individu particulier, c'est-à-dire, sa puissance accumulée dans le processus du développement.

Programme m – directive développée par les Substances Supérieures pour que l'homme traverse les situations de sa vie, de la naissance à la mort. Les programmes peuvent avoir plusieurs variantes, avec le droit de choisir dans le Système de Dieu, et une seule variante dans le Système du Diable, c'est pourquoi ses programmes sont appelés rigides, car ils ne contiennent pas le droit de choisir, l'individu suit un programme négatif de manière robotisée.

Psychoforme f – substance énergétique créée à la suite de l'activité mentale humaine et existant sur le plan subtil. Elle prend la forme de l'image que l'homme imagine le plus vivement.

Race f – communauté humaine créée par les Systèmes Cosmiques Supérieurs, qui a une structure énergétique spéciale. La civilisation terrestre dans son ensemble est une *race*, c'est-à-dire, les Supérieurs ont appelé toute la communauté terrestre une race et l'homme - une *civilisation*, chacun mettant sa propre signification dans ces concepts. **Pendant une période de temps sur la Terre, plusieurs civilisations peuvent exister simultanément, divisées par culture, degré du développement. Mais il n'y a qu'une seule race sur la planète à une période de temps, car toute l'humanité appartient à une seule race en tant que forme intégrale de l'existence. C'est-à-dire que la civilisation fait partie intégrante de la race selon son énergie et ses fonctions et buts accomplis pour la planète.**

Réincarnations pl – multiples métamorphoses de l'âme dans des corps matériels.

Subtil (monde, construction, structure, etc.) – 1) tout ce qui se trouve au-delà de la perception humaine, appartenant aux mondes avec une haute fréquence des énergies;

2) tout ce qui est créé à partir des énergies de l'ordre supérieur à la matière physique.

substance f – sens intérieur de quelque chose.

Substance f – personnalités hautement développées, créateurs et calculateurs, se développant selon des programmes individuels dans la Hiérarchie de Dieu (et aussi du Diable). Chaque Substance a une certaine direction qualitative du développement et, en fonction de celle-ci, s'unit avec d'autres Substances en Systèmes qui ont une certaine spécialisation de leur activité.

Supérieurs pl – Personnalités qui sont au-dessus du plan terrestre selon le Niveau du développement et qui gouvernent la Terre et l'humanité. D'habitude, les Supérieurs signifient les *Substances* appartenant à la *Hiérarchie de Dieu*, car ce sont elles qui s'occupent du plan terrestre.

Système m Cosmique – communauté des êtres intelligents hors de la Hiérarchie de Dieu. Dans la Nature, notre Dieu ne possède que quatre Univers et une Hiérarchie qui y est liée. Également, dans la Nature, il existe un nombre incalculable d'Univers similaires et d'autres Hiérarchies. Par conséquent, on appelle tous les Systèmes intelligents appartenant à d'autres Hiérarchies et Univers « Systèmes cosmiques » afin de faire les distinctions nécessaires.

«Union» – communauté raisonnable de 9 *Systèmes Hiérarchiques* qui gardent la Terre sous contrôle. Ils ont donné à l'humanité les chiffres arabes 1, 2, 3 ... 9, où chaque chiffre désigne le numéro du Système, qui correspond à son code numérique. Leur symbole est une étoile à huit pointes avec un point de transition dans le centre. Chaque rayon exprime la Hiérarchie du Système correspondant; le neuvième Système, qui unit, est au centre. L'étoile symbolise 9 qualités fondamentales des énergies du développement: amour, espoir, sauvetage, foi, bonté, miséricorde, paix, spiritualité, responsabilité.

(Livre terminé le 31.07.2020)

Table des matières

Chapitre 3
PARTICULARITES KARMIQUES
DE LA VIE ET DE LA MORT

Chapitre 4
SUR LA MORT

Chapitre 5
EDUCATION DE L'HOMME
ASTROLOGUES, PREDICTIONS

Chapitre 6
SANTE. MEDECINE

Chapitre 7
UN PEU SUR LA MAGIE

Chapitre 10
INFLUENCE DES NOUVELLES CONNAISSANCES SUR L'HOMME

2, «Développement de l'Esprit» - volume 3, «Naissance. Décès. Karma» - volume 4, «Amour. Famille. Enfants» - volume 5, «Développement de l'homme» - volume 6, «Choix de l'âme» - volume 7, «Fatalité. Le destin ou le rôle des programmes dans le développement» - volume 8, «Humanité» - volume 9, «Homme étonnant» - volume 10, «Nouveau sur la religion» - volume 11.

Section «Terre de la race d'or»:

«Terre est une planète qui pense» - volume 1, «Mystères du temps» - volume 2.

Section «Univers»:

«Univers et ses mondes» - volume 1.

La liste ci-dessus n'est pas finale. Les auteurs travaillent sur de nouveaux livres.